ESSAIS HISTORIQUES SUR PARIS.

ESSAIS

HISTORIQUES

SUR PARIS

NOUVELLE ÉDITION,
Revue, corrigée, & augmentée.

TOME SECOND.

A LONDRES,

Et se trouvent à Paris,

Chez N. B. DUCHESNE, Libraire, rue S. Jacques,
au-dessous dé la Fontaine S. Benoît,
au Temple du Goût.

M. DCC. LIX.

E·SSAIS

HISTORIQUES

SUR

PARIS.

A premiere Eglise qui ait été dans Paris, fut bâtie sous le regne de l'Empereur Valentinien I, vers l'an 375 : elle s'appelloit *Saint Etienne*, & il n'y avoit encore que

A ij

celle-là dans l'enceinte de cette Ville en 522, lorſque Childebert, fils de Clovis, contribua de ſes largeſſes à la faire réparer, à y faire mettre des vitres, à l'agrandir & à l'augmenter d'une nouvelle Baſilique qui fut dé-diée à *Notre-Dame*. Ce fut en partie ſur les fondemens de ces deux Egliſes, & en donnant plus d'étendue à la Cathédrale que nous voyons au-jourd'hui, que l'on commença de la bâtir vers l'an 1160, ſous le re-gne de Louis le jeune. Il paroît que les Paſteurs de ce temps-là avoient un zèle moins ardent dans leurs entrepriſes, ou qu'il étoit moins fructueux que de nos jours : elle ne fut achevée qu'au bout de près de deux cent ans.

Le jour de la Pentecôte, il étoit d'uſage de jetter par les ouver-tures des voutes d'enhaut, des étoupes enflammées, & de lâcher des pigeons qui voloient fur les affiftans pendant la Meffe.

Le lit de l'Evêque & du Chanoine mort , apartenoit à l'Hôtel-Dieu. Lorfque la moleffe & le luxe eurent introduit des lits mieux fournis & plus riches , il y eut fouvent , entre les créanciers de l'Evêque & cet Hôpital , des conteftations fur les rideaux , la courtepointe & le nombre des matelats ; le Parlement , en 1654 , débouta de leurs oppofitions les créanciers de François de Gondi 'Archevêque' de Paris , & adjugea fon lit , avec tous les accompagnemens , à l'Hôtel-Dieu : ce fut le lit de nôces de la fille d'un Œconome.

En creufant fous le Chœur , au mois de Mars 1711 , on trouva à quinze pieds (1) de profondeur neuf

___

(1) On peut juger combien le *fol* ou *rez-de-chauffée* de l'ancien Paris a été rehauffé ;

pierres dont les bas-reliefs & les Inf-
criptions ne manquerent pas de faire
beaucoup de bruit parmi les anti-
quaires de l'Europe. J'ai lû les ex-
plications & toutes les conjectures
qu'ils ont hazardées fur ces monu-
mens, & ce qui m'a paru de plus
certain, c'eft que fous le regne de
Tibere, une compagnie de Commerçans par eau (*nautæ Parifiaci*) avoit
fait élever dans cet endroit, qui
étoit apparemment alors le Port de
Paris, un autel (1) *en plein vent* à
Efus, à Jupiter, à Vulcain & à Ca-
ftor & Pollux. Piganiol, après avoir
dit que parmi ces pierres, celle qui
fervoit de foyer à cet Autel, étoit

---

on montoit treize marches pour entrer dans
cette Eglife ; aujourd'hui on defcend.

(1) Je dis *en plein vent*, parce que les
Gaulois, lorfqu'ils furent affujettis aux
Romains & qu'ils commencerent à avoir
des Temples, n'en bâtiffoient gueres dans
les Villes ; il eft certain qu'il n'y en avoit
point dans Paris.

aifée à reconnoître à fa forme &
parce que le trou qui étoit au milieu
fut trouvé, lors de la découverte, rempli de charbons & d'encens, ajoute-t-il,
il n'y a gueres d'apparence que le lieu où
ces pierres ont été trouvées, fut celui
de leur premiere affiete, & il eft plus
naturel de croire que cet Autel confacré à Jupiter, ayant été renverfé par
les Chrétiens, les débris en furent difperfés & abandonnés à ceux qui voulurent s'en fervir. Cette narration eft
bien digne de cet Ecrivain : Si cet
Autel étoit ailleurs, fi les pierres en
furent difperfées de côté & d'autre,
cet encens & ces charbons n'auroient-
ils pas été jettés & renverfés ? Les
auroit-on trouvés dans cette pierre
dont le milieu étoit creufé pour fervir de foyer ?

C'eft la Statue équeftre de Philippe de Valois, & non pas de Philippe le Bel, que l'on voit en entrant

Defcrip. de Paris. T. 1. p. 369.

Mezeray. P. Montfau- con.

A iv

à droite contre le pillier le plus proche du Chœur : ce Prince en arrivant à Paris après la bataille de Caffel, alla à Notre-Dame où il entra tout armé, & y laiffa fon cheval & fes armes, après avoir remercié Dieu & la Vierge de la victoire qu'il avoit remportée.

Le *S. Chriftophe* eft un vœu d'Antoine des Effarts ; il avoit été arrêté avec fon frere Pierre des Effarts Sur-Intendant des Finances, qui eût la tête tranchée en 1413 ; il rêva la nuit que S. Chriftophe rompoit les grilles de la fenêtre de fa prifon & l'emportoit dans fes bras ; ayant été déclaré innocent quelques jours après, il fit travailler à cette Statue coloffale devant laquelle il eft repréfenté à genoux.

Louis XIII demanda au Pape d'ériger Paris en Archevêché, ce qu'il obtint en 1622. Grégoire XI à qui

Charles V avoit fait la même demande en 1376, répondit à ce Prince *qu'il en étoit empêché, attendu que l'E-glise de Paris étoit encore bien petite-ment dotée.* Il me semble que cela n'auroit pas fait un empêchement du temps des Apôtres.

Duchesne. Hist. des Cardinaux François.

Louis XIV, au mois d'Avril 1674, érigea les Terres & Seigneuries de S. Cloud, de Maisons, de Creteil, d'Ozoir-la-Ferriere & d'Armentieres, en Duché-Pairie en faveur de François de Harlay Archevêque de Paris & de ses successeurs; ils prennent place au Parlement parmi les Pairs laïques, immédiatement après les Ducs de Bethune-Charost.

On prétend que le grand bassin octogone du Jardin des Thuilleries, est aussi large que les Tours de Notre-Dames sont hautes.

A v

LE PALAIS.

Le Palais a été le féjour ordinaire de tous nos Rois de la troifiéme race depuis Hugues Capet jufqu'à (1) Charles V. C'étoit un affemblage de groffes Tours qui communiquoient les unes aux autres par des galeries, & dont la vue s'étendoit fur Iffi, fur Meudon & fur S. Cloud. Son jardin qu'on appelloit *le Jardin du Roi*, occupoit tout le terrein où font aujourd'hui les *cours neuve* & *de Lamoignon*, & toutes ces maifons baties de brique qui les environnent & qui font aifées à diftinguer des anciens édifices. Ce Jardin, à l'endroit où eft apréfent la rue de Harlay, étoit féparé par un bras de la riviere, de deux petites Ifles qu'on joignit l'une

____

(1) Il alla demeurer à l'Hôtel S. Paul qu'il avoit fait bâtir.

à l'autre & à la Cité , & fur lefquelles
on commença de bâtir la Place Dauphine en 1608.

Au mois de Mars 1599 , le Parlement fit faire un montoir de pierre
dans la cour du May , pour que les
anciens Préfidens & Confeillers puf-
fent remonter plus aifément fur leurs
chevaux ou fur leurs mules. , en fortant de l'audience. Un Confeiller offroit alors la croupe de fon cheval à
fon confrere , comme il lui offre aujourd'hui une place dans fon caroffe.

Il me demande , êtes-vous à cheval ?
N'avez-vous point ici quelqu'un de votre
    troupe ?
Je fuis tout feul à pied : lui de m'offrir la
    croupe.

Regnier.
Satire 7.

Il nous paroîtroit à préfent fort fingulier de voir deux Magiftrats, en robbe & en rabat , fur la même monture
comme les fils d'Aimon. *Gui Loifel ,*
tous les Samedis au foir , accompagnoit

A vj

*à pied son pere monté sur sa mule,
quand il alloit à sa maison des champs
près Villejuie.* Cela n'étoit pas fa-
stueux, mais nous avons en même-
temps une preuve bien augufte de la
courageufe fermeté qui regna dans
les délibérations, lorfqu'il fut que-
ftion de défendre les droits du fang
de nos ·Souverains. Repréfentons-
nous Paris livré au fanatifme, aux
Moines & aux feize qui ne refpi-
roient que maffacres & nouveaux af-
faffinats : confiderons le Parlement
fans fecours & fans deffenfe, envi-
ronné de ces hommes de fang : il
brave leur fureur : rien ne l'intimide,
il donne cet * Arrêt du 28 Juin
1593, qui fauva l'Etat, qui nous
rendit à nos Princes légitimes & au
meilleur des Rois. Qu'on life toutes
les hiftoires, on n'y verra point d'action qui marque davantage un de-
vouement fans bornes au bien de la

*Pour l'ob-
fervation
de la Loi
Salique.

patrie & aux loix de la juſtice & de l’honneur.

LE PALAIS DES TERMES.

Les Bains de Dioclétien à Rome ne furent achevés qu’en 306 ; ce Palais fut bâti ſur le modele de ces Bains ; il eſt donc étonnant qu’on ſoutienne qu’il étoit bien plus ancien que l’Empereur Julien qui commandoit dans les Gaules en 357. D’ailleurs en le bâtiſſant , il fallut en même-temps penſer à y faire venir des eaux , & l’on trouva en 1544 les reſtes d’un aqueduc qui avoit ſervi à y conduire celles d’Arcueil : or l’on doit préſumer que cet aqueduc & parconſéquent ce Palais n’étoient pas encore achevés du temps de Julien, puiſqu’il dit dans ſon Miſopogon , *les Pariſiens habitent une Iſle , & n’ont point d’autre eau que celle de la Seine.* Mon opinion eſt que ce Prince, en

Corrozet.

partant de Paris, donna ſes ordres pour bâtir ce Palais, afin de laiſſer un monument de ſa magnificence proche d'une Ville qu'il chériſſoit & où il avoit été proclamé Empereur.

Il paroît par le récit d'Ammian Marcellin, de Libanius & de Zozime, que les ſoldats qui le proclamerent, ſortirent le ſoir de leur camp, allerent en foule à la place qui étoit devant le Palais où il demeuroit, & y paſſerent la nuit. Ce Palais, dit on, étoit ſans doute celui des Termes, hors de la Ville; çette Place aſſez ſpacieuſe pour contenir (1) tant de monde ne pouvant pas être dans la Cité. Je réponds à ce raiſonnement, qu'il me ſemble

---

(1) Le nombre de ces ſoldats ne pouvoit monter au plus qu'a neuf ou dix mille, puiſqu'ils ne faiſoient qu'une partie de l'armée de Julien, lorſque dans la ſuite il marcha contre Conſtance; cette armée, diſent Ammian Marcellin & Zozime, n'étoit que de vingt mille hommes.

très - aifé de s'imaginer que cette Place y étoit & au même endroit où Charles VI, mille ans après, affembla les habitans de Paris. *Le Roi*, dit la Chronique de S. Denis, *réfolut de rétablir la tranquillité par une convocation des Parifiens dans la Cour du Palais* ; (1) *on y dreffa fur les degrés un échaffaut où ce Prince monta avec fes oncles & les grands officier de la Couronne ; le Chancelier parla au peuple.*

Comment pouvoir trouver, ajoute-t-on, *dans la Cité où loger cette foule de courtifans qui accompagnoient Julien ; il avoit avec lui le Préfet des Gaules, le Maître des armes, le Comte des domeftiques, le Maître des Libelles, le Maître des Offices,*

---

(1) La Cour du Palais n'étoit pas alors enfermée de murailles, ni embaraffée de maifons & de boutiques comme elle l'eft aujourd'hui ; d'ailleurs les rues voifines n'y aboutiffoient pas de fi près.

le Prefet de la Chambre, le Grand Ecuyer, un Quefteur, des Notaires, des Tribuns, des Chambellans, des Décurions du Palais & autres. A cette énumération plus pédantefque que fenfée du favant Adrien de Valois, je réponds encore par un fait : l'Empereur Charles IV & Venceflas fon fils élu Roi des Romains, vinrent voir notre Roi Charles V en 1378, & notre Roi Charles V, l'Empereur & le Roi des Romains étoient tous les trois logés au Palais.

L'Auteur du Journal fous les regnes de Charles VI & Charles VII, *raporte que le Lundi 21 Juin 1428,* P. 116. *le Regent de France (le Duc de Betfort) donna au Palais à Paris une des plus fomptueufes fêtes qu'on eut encore vues ; que toutes perfonnes de quelque condition qu'elles fuffent, y étoient reçues à diner ; que le Regent, fa femme & la Chevalerie furent fervis en lieu &*

en viande selon leur état ; premiere-
ment le Clergé , comme Evêques , Pré-
lats , Abbés , Prieurs & Docteurs en
toutes sciences ; ensuite le Parlement,
le Prevôt de Paris , le Chatelet , le
Prevôt des Marchands , les Echevins
& Bourgeois ; & enfin le commun de
tous Etats , & que furent à ce diner
plus de huit milliers seans à table.

D'ailleurs examinons un peu cette
Cité qu'on trouve si petite & où il
n'y avoit du temps de Julien ni Temples des faux Dieux, ni Eglises, ni
Couvens , ni Hôpitaux : j'y vois
l'Archevéché , la Cathédrale , le
cloître des Chanoines de Notre-
Dame , une Place , un Marché ,
l'Hôtel-Dieu , l'Hôpital des Enfans-
Trouvés , deux Couvens de Religieux , douze Eglises paroissiales ,
quarante-six rues , & le Palais avec
toutes ses dépendances.

Je finis cet article en disant qu'il

y a toujours eu dans la Cité un Palais où Cefar & les Proconfuls qui vinrent après lui dans les Gaules, demeurerent ; que Julien y étoit logé lorfqu'il fut proclamé Empereur ; que plufieurs de nos Rois de la premiere & de la feconde race l'ont habité, & qu'il a été le féjour ordinaire de Hugues Capet & de tous fes fucceffeurs jufqu'à Charles VII qui l'abandonna entierement au Parlement. A l'égard du Palais des Termes, on commença de le bâtir vers l'an 361, environ cent vingt ans avant Clovis ; ce Prince, Childebert fon fils & quelques autres Rois de la premiere race en préférerent le féjour à celui du Palais de la Cité ; les Normands le ruinerent en partie, & vers la fin de la feconde race, fon jardin & fes appartemens inhabités ne fervoient plus que d'aziles aux plaifirs de quelques femmes galantes qui n'ofoient pas donner des rendez-vous chez elles.

LE * LOUVRE.

On difoit de Verfailles, quand Louis XIV commença d'y bâtir, que c'étoit *un Favori fans mérite* ; on peut dire du Louvre que malgré le mérite de fa fituation, il n'a jamais gueres été en faveur. Dagobert y mettoit fes chiens, fes chevaux de chaffe & fes piqueurs. Les Rois *fainéans* y alloient affez fouvent, mais ce n'é-toit qu'après leur diner pour digé-rer en fe promenant *en coche* dans (1) la Forêt qui couvroit tout ce côté de la riviere ; ils revenoient le foir en bateau & en pêchant, fouper à Paris & coucher avec leurs femmes. Il n'eft

* De l'ancien mot Saxon *Louvear*, qui fignifioit un Château.

______

(1) Une partie de cette forêt fubfiftoit encore du tems de S. Louis, puifque les Hiftoriens difent qu'il fit bâtir l'Hôpital des Quinze-Vingts (*in luco*) dans un bois.

point parlé de cette Maifon Royale fous la feconde race , ni même fous la troifiéme jufqu'au regne de Philippe-Augufte qui en fit une efpece de Citadelle environnée de larges foffés & flanquée de tours : celle qu'on appella *la * groffe tour du Louvre*, étoit ifolée & bâtie au milieu de la cour & de tout l'édifice dont elle achevoit de rendre les appartemens encore plus triftes & plus obfcurs ; il fembloit que ce Prince avoit affecté de ne laiffer regner dans ce lieu qu'une clarté fombre , afin que cette tour , ce donjon de la Souveraineté & d'où relevoient tous les grands Feudataires de la Couronne , leur annonçât, quand ils venoient y faire la preftation de foi & hommage , que c'étoit une prifon toute préparée pour eux s'ils manquoient à leurs fermens : trois Comtes de Flandres , Jean de Montfort qui difputoit le

*François I la fit abbattre en 1528.

Duché de Bretagne à Charles de Blois, & Charles *le mauvais* Roi de Navarre, y furent enfermés en differens temps. Le Louvre après avoir été hors des murs pendant plus de six siecles, se trouva enfin dans Paris par l'enceinte commencée sous Charles V en 1367, & achevée sous Charles VI en 1383. Charles V qui ne jouissoit que d'un million de revenu, dépensa cinquante-cinq mille livres à rehausser ce Palais, & à rendre les appartemens plus commodes & plus agréables ; mais ni ce Prince ni ses successeurs jusqu'à Charles IX, n'en firent point leur demeure ordinaire ; ils le laissoient pour les Monarques étrangers qui venoient en France. Sous le regne de Charles VI, Manuel Empereur de Constantinople, & Sigismond Empereur d'Allemagne y furent logés ; François I y logea Charle-Quint en 1539. Je remarque qu'on recevoit ces Princes avec beaucoup de magnificence & qu'on leur faiſoit de grands honneurs ; mais qu'à leur entrée dans Paris on avoit toujours attention de ne leur donner que des chevaux noirs : le cheval blanc étoit la monture du Souverain dans ſes Etats. *L'Empereur Charles IV*, dit Chriſtine de Piſan, *fut monté ſur le cheval que le Roi lui avoit envoyé, lequel étoit * morel, & ſemblablement fut monté ſon fils Venceſlas élu Rôi des Romains, & ne furent pas ſans raiſon envoyés chevaux de ce poil ; car les Empereurs quand ils entrent dans les bonnes villes de leur Seigneurie, ont accoutumé d'être ſur chevaux blancs, & le Roi Charles V ne voulut pas qu'en ſon Royaume fuſſent ainſi montés.... Adonc le Roi pour aller recevoir ledit Empereur, partit de ſon Palais ſur un grand Palefroi blanc, accompagné des Ducs de*

Chap. 35 & 36.

* Noir.

Berri, *de Bourgogne*, *de Bourbon &*
de Bar, *& de Comtes*, *de Barons &*
de Chevaliers sans nombre, *& de Pré-*
lats vêtus en chappes Romaines.

Charles IX, Henri III, Henri IV,
& Louis XIII, demeurerent au Louvre, & y firent bâtir. Il n'y reste
plus rien du vieux Château de Philippe-Auguste que Charles V avoit
fait réparer ; ce qu'on y voit de plus
ancien est du regne de François I.

Sire, disoit un jour Dufreny à
Louis XIV qui l'aimoit & qui se
divertissoit de ses plaisanteries, *je
ne regarde jamais le nouveau * Louvre
sans m'écrier, superbe monument de la
magnificence d'un des plus grands Rois
qui de son nom ait rempli la terre,
Palais digne de nos Monarques, vous
seriez achevé si l'on vous avoit donné à
l'un des quatre Ordres mendians pour
tenir ses chapitres & loger son Général.*
L'idée est folle, mais elle me rappelle

* Les bâti-
mens com-
mencés par
Louis XIV.

qu'aucun de ces Religieux ne manque jamais des chofes néceffaires à la vie, tandis que le Cardinal de Retz rapporte dans fes Mémoires, qu'étant allé voir au Louvre la Reine d'Angleterre, il la trouva dans la chambre de fa fille, depuis Madame la Ducheffe d'Orleans, & qu'elle lui dit, *vous voyez, je viens tenir compagnie à Henriette ; la pauvre enfant n'a pû fe lever aujourd'hui faute de feu.* » Il » eft très-vrai, ajoute-t-il, qu'il y » avoit fix mois que le Cardinal Ma-» zarin ne la faifoit point payer de fa » penfion ; les Marchands ne vou-» loient plus lui rien fournir, & il n'y » avoit pas un morceau de bois chez » elle ; le Parlement lui envoya qua-» rante mille francs. » O Henri IV, ô mon maître, ô mon Roi ! c'eft ta petite fille qui manque d'un fagot pour fe lever au mois de Janvier, dans le Louvre !

Mémoires du C. de Retz. T. 1. l. 2. p. 296.

Si

Si jamais , dit Piganiol, le grand projet qu'on avoit fait pour le Louvre , pendant que M. Colbert étoit Sur-Intendant des bâtimens , étoit executé , on démoliroit l'Eglise de S. Germain de l'Auxerrois , les maisons du Cloître & celles de quelques rues voisines, pour faire sur l'emplacement qu'elles occupent, une grande & magnifique place, à laquelle le Pont Neuf aboutiroit , & qui dégageant l'avenue du Louvre , mettroit dans un beau point de vue cette superbe façade dont Claude Perrault a donné le dessein, & qui est le plus beau morceau d'architecture moderne qu'il y ait dans l'univers.

Descrip. de Paris. T. 2. p. 128.

Il faut esperer que ce projet sera executé par M. de Marigni , le seul Directeur des bâtimens qui depuis M. Colbert , se soit occupé de la gloire du Roi & de l'utilité publique ; il a satisfait au vœu général de la nation en entreprenant d'achever le

Tome II. B

Louvre ; cette Place entre fans doute dans fon deffein ; il feroit aifé de joindre quelqu'Abbaye aux Canonicats & à la Cure de S. Germain de l'Auxerrois , pour dédommager le Curé & les Chanoines des maifons qu'on abattroit ; je crois même qu'il ne feroit pas néceffaire de démolir l'Eglife , mais feulement d'en décorer le portail.

LES TUILLERIES.

Ce Palais fut ainfi nommé du lieu où il eft fitué & qu'on appelloit les Tuilleries , parce qu'on y faifoit de la tuîle. Catherine de Medicis le fit bâtir en 1564 ; il ne confiftoit que dans le gros pavillon quarré du milieu , dans les deux corps de logis qui ont chacun une terraffe du côté du jardin , & dans les deux pavillons qui les terminent. Henri IV , Louis XIII & Louis XIV l'ont étendu , exhauffé & décoré : fes proportions, à ce qu'on prétend , font moins agréables & moins régulieres qu'elles ne l'étoient d'abord ; mais c'eft tou-jours , après le Louvre , le plus beau Palais de l'Europe.

Un Aftrologue ayant prédit à Catherine de Médicis qu'elle mour-roit auprès de S. Germain , on la vit auffitôt fuir fuperftitieufement tous les lieux & toutes les Eglifes qui *Mezeray.* portoient ce nom ; elle n'alla plus à S. Germain en Laye , & même , à caufe que fon Palais des Tuilleries fe trouvoit fur la Paroiffe de S. Ger-main de l'Auxerrois, elle en fit bâtir un autre , (l'Hôtel de Soiffons) près de S. Euftache. Lorfqu'on aprit que c'étoit Laurent de S. Germain , Evê-que de Nazareth , qui l'avoit affiftée à la mort, les gens infatués de l'A-ftrologie pretendirent que la prédic-tion avoit été accomplie.

B ij

Ce fut aux Tuilleries, quatre jours avant le maſſacre de la Saint Barthelemi, qu'elle donna cette fête dont parlent preſque tous les Hiſtoriens, mais trop légerement ; ils excitent la curioſité du lecteur ſans la ſatisfaire ; Mezeray ſe contente de dire qu'à l'occaſion du mariage * du Roi de Navarre & de Margueritte de Valois, il y eut beaucoup de divertiſſemens, de Tournois & de Ballets, *& qu'entr'autres il s'en fit un où l'on ne put s'empêcher de préfigurer le malheur qui étoit prêt d'accabler les Huguenots ; le Roi & ſes freres y défendant le Paradis contre le Roi de Navarre & les ſiens qui étoient repouſſés & relégués en Enfer.* Voici ce que j'ai trouvé dans des Mémoires de ce temps-là *qui ſont très-rares. Premierement en ladite Salle, à main droite, il y avoit le Paradis, l'entrée duquel étoit défendue par trois Chevaliers armés de*

De Thou. *l. 52.*

* Depuis Henri IV.

Mémoires de l'Etat de la France ſous Charles IX. T. 1. p. 562.

toutes piéces , qui étoient Charles IX
& ses freres. A main gauche étoit l'Enfer dans lequel il y avoit un grand nombre de diables & petits diablotaux ,
faisant infinies singeries & tintamares
avec une grande roue tournant dans
ledit Enfer , toute environnée de clo-
chettes. Le Paradis & l'Enfer étoient
séparés par une riviere qui étoit entre
deux , sur laquelle il y avoit une barque
conduite par Caron Nautonier d'Enfer.
A l'un des bouts de la Salle & derriere le Paradis , étoient les Champs
Élisées , à sçavoir un jardin embelli de
verdure & de toutes sortes de fleurs ; &
le ciel empirée , qui étoit une grande
roue avec les douze signes du Zodia-
que , les sept planettes , & une infinité
de petites étoiles faites à jour , rendant
une grande lueur & clarté par le moyen
des lampes & flambeaux qui étoient
artistement accomodés par derriere.
Cette roue étoit dans un continuel

mouvement, faisant aussi tourner ce jardin dans lequel étoient douze Nimphes fort richement parées. Dans la Salle se présenterent plusieurs troupes de Chevaliers errans : (c'étoient des Seigneurs de la Religion qu'on avoit choisis exprès :) ils étoient armés de toutes piéces, vêtus de diverses livrées, & conduits par leurs Princes, (le Roi de Navarre & le Prince de Condé ;) tous lesquels tâchant de gagner le Paradis pour ensuite aller querir ces Nimphes au jardin, en étoient empêchés par les trois Chevaliers qui en avoient la garde ; lesquels l'un après l'autre se présentoient à la lice, & ayant rompu la pique contre lesdits assaillans & donné le coup de coutelas, les renvoyoient vers l'Enfer où ils étoient trainés par les diables & diablotaux. Cette forme de combat dura jusqu'à ce que les Chevaliers errans eussent été combattus & trainés un à un dans

l'Enfer, lequel fut enſuite clos &
fermé. A l'inſtant deſcendirent du ciel
Mercure & Cupidon, portés ſur un Coq.
Le Mercure étoit cet Etienne le Roi,
Chantre tant renommé, lequel étant à
terre, ſe vint préſenter aux trois Che-
valiers, & après un chant mélodieux,
leur fit une harangue, & remonta en-
ſuite au ciel ſur ſon Coq, toujours chan-
tant. Alors les trois Chevaliers ſe le-
verent de leurs ſieges, traverſerent le
Paradis, allerent aux Champs Eliſées
querir les douze Nimphes, & les ame-
nerent au milieu de la Salle où elles
ſe mirent à danſer un Ballet fort diver-
ſifié & qui dura une groſſe heure. Le
Ballet achevé, les Chevaliers qui
étoient dans l'Enfer furent délivrés,
& ſe mirent à combattre en foule & à
rompre des piques. Le combat fini, on
mit le feu à des trainées de poudre qui
étoient autour d'une fontaine dreſſée
preſqu'au milieu de la Salle, d'où s'é-

B iv

leva un bruit & une fumée qui fit retirer chacun. Tel fut le divertiſſement
de ce jour, d'où l'on peut conjecturer
quelles étoient les penſées du Roi & du
Conſeil ſecret parmi telles feintes.

Catherine de Médicis dont l'abominable politique avoit corrompu
l'heureux naturel de ſon fils, étoit
l'ame de ce conſeil ſecret. Peut-on,
ſans frémir d'horreur, penſer à
une femme qui imagine, compoſe,
& prépare une Fête ſur le maſſacre qu'elle doit faire quatre jours
après d'une partie de la Nation où
elle regne ! qui ſourit à ſes victimes, qui joue avec le carnage, qui
fait danſer l'Amour & les Nimphes
ſur les bords d'un fleuve de ſang, &
qui mêle les charmes de la muſique
aux gémiſſemens de cent mille malheureux qu'elle égorge !

Je remarque que par un hazard
aſſez ſingulier, le plus beau jardin

public d'Athenes s'apelloit les Tuilleries ou le (1) Ceramique , parce
qu'il avoit été planté , comme le notre , fur un endroit où l'on faifoit de
la tuile.

L'Hôtel-de-Ville.

Les François après la conquête
des Gaules , ne changerent point la
forme de police & d'adminiftration
qu'ils trouverent établie dans les
Villes ; chacune avoit fes Officiers ;
on les appelloit *Défenfeurs de la Cité ;*
ils étoient chargés de maintenir les
priviléges & le commerce des habitans , & d'ordonner & de regler les
dépenfes qu'il falloit faire dans de
certaines occafions. On tiroit ces
Défenfeurs de la Cité du Corps des
Nautes , & les *Nautes* étoient d'hon-
norables Citoyens unis & affuciés

____

(1) κεραμὸς , tuile : Κεραμικὸς , Tuillerie.

pour faire le commerce par eau Les Inscriptions trouvées au mois de Mars 1711, en creusant la terre sous le Chœur de Notre-Dame, nous apprennent que sous le regne de Tibere, la Compagnie des *Nautes* établie à Paris, éleva un Autel à Esus, à Jupiter, à Vulcain, & à Castor & Pollux. Il est naturel de présumer que les *Mercatores aquæ Parisiaci*, dont il est parlé sous les regnes de Louis le gros & de Louis le jeune, avoient succedé sous un autre nom à ces anciens commerçans, & qu'il ne faut point chercher ailleurs l'origine du corps municipal , connu depuis sous le nom d'*Hôtel-de-Ville* de Paris, & chargé de la Police générale de la navigation & des marchandises qui viennent par eau. On ignore où le Corps de Ville s'assembloit sous la premiere & la seconde race. On le voit au commencement de la troisiéme, dans une maison de la Vallée de misere, appellée *la Maison de la Marchandise* ; de-là, près du Grand Châtelet au *Parloir aux Bourgeois*, & ensuite dans un autre *Parloir aux Bourgeois*, qui se tenoit dans une tour de l'enceinte des murailles, près des Jacobins de la rue S. Jacques. Ses Officiers en 1274, sous le regne de Philippe le hardi, furent qualifiés *Prevôt & Echevins des Marchands de la Ville de Paris.* En 1357, ils acheterent deux mille huit cent quatre-vingt livres *la Maison de Grève*, autrement *la Maison aux Piliers*, parce qu'elle étoit soutenue pardevant sur une suite de pilliers. Elle avoit appartenu aux deux derniers Dauphins de Viennois, & Charles V n'étant que Dauphin, y avoit demeuré, & l'avoit donnée à *Jean d'Auxerre*, Receveur des Gabelles, en considération des services que ce *Jean*

B vj

d'Auxerre lui avoit rendus. C'est sur les ruines de cette maison , & de quelques autres qui l'environnoient, que l'on commença de bâtir l'Hôtel-de Ville en 1533 ; il ne fut achevé qu'en 1605.

Le Pont Notre-Dame tomba , en 1499,par la faute & la négligence du Prevôt des Marchands & des Echevins : ce n'étoient pas apparemment dans ces temps-là , comme de nos jours , de célébres Marchands de Vin , de graves Marchands de Modes & autres personnages capables & choisis : ils dissipoient en festins , en fêtes ridicules & en dépenses inutiles les revenus de la Ville : ils furent condamnés à des dédommagemens considérables, & moururent en prison. Le Grand et le Petit Chatelet.

Paris qui ne consistoit encore que dans la Cité, étoit entouré de mu-

Histoire de Paris. T.2. p. 896.

railles flanquées de tours de distance en distance, lorsque les Normands l'assiégerent en 885, sous le regne de Charles le gros. On n'y entroit que par deux Ponts, le Petit Pont & le Pont au Change. Chacun de ces Ponts étoit deffendu par deux tours, dont l'une étoit de l'enceinte des murailles, & par conséquent en dedans de la Cité : l'autre en étoit séparée par le pont & la riviere. Ces tours extérieures étoient où sont aujourd'hui le Grand & le Petit Châtelet.

Les Normands mirent le feu à la tour du Petit Châtelet, & la détruisirent entierement. Il y a toute apparence que lorsqu'ils eurent levé le siége, on en rebâtit une autre au même endroit, & qui subsista jusqu'au regne de Charles V. Ce Prince fit commencer, en 1369, l'édifice que nous voyons.

A l'égard de la Tour du Grand Châtelet, les Normands ne purent s'en rendre maître : Abbon, Auteur contemporain , & peut-être témoin oculaire , rapporte qu'après avoir taché de combler les fossés de cette Tour avec des fascines , & même avec des bœufs & des vaches qu'ils tuerent exprès ; ils y jetterent les corps d'une partie des prisonniers qu'ils avoient faits, & qu'ils égorgerent pour leur servir de pont ; que Gozlin , Evêque de Paris, saisi d'horreur & d'indignation à ce trait d'inhumanité , lança un javelot en invoquant Notre Dame , & tua un des Ministres de cette barbarie , dont le corps fut aussitôt jetté avec les autres.

Le nom de chambre de César , qui est resté par tradition à une des chambres du Grand Châtelet , l'antiquité de sa grosse tour , & ces mots , TRI-

BUTUM CÆSARIS (1), *gravés ſur* Traité de la Police, T. 1. p. 87.
un marbre qu'on voyoit encore ſous
l'arcade vers la fin du ſeiziéme ſiecle,
paroiſſoient au Commiſſaire de la Mar-
re des preuves convainquantes *que cet-*
te Fortereſſe a été bâtie par les ordres
de ce Conquérant , ou ſous le regne de
quelqu'un des premiers Empereurs Ro-
mains. En diſant que cela ne mérite
pas d'être réfuté, je conviendrai qu'il
peut y avoir eu de tout temps une
eſpece de Fort dans cet endroit.

Dans un tarif fait par S. Louis
pour regler les droits de péage qui
étoient dûs à l'entrée de Paris , ſous
le Petit Châtelet, on lit que le Mar-

____

(1) Corrozet dont l'ouvrage fut imprimé *Antiquités*
en . 550, dit avoir entendu aſſurer à des per- *de Paris.*
ſonnes qui étoient encore vivantes , qu'elles *p.* 10.
avoient vû écrit ſur cet endroit du Châtelet,
ici ſe payoit le tribut à Ceſar , & de notre
temps, ajoute-t-il , on voyoit encore ſur
quelques pierres des caracteres grecs & latins.

chand qui aportera un finge pour le vendre, payera quatre deniers ; que fi le finge apartient à un *joculateur*, cet homme en le faifant jouer & danfer devant le péager, fera quitte du péage tant dudit finge que de tout ce qu'il aura aporté pour fon ufage. Delà vient le proverbe, *payer en monnoye de finge, en gambades*. Un autre article porte que les *Jongleurs* feront auffi quites de tout péage, en chantant un couplet de chanfon devant le péager.

Le Pont * au Change.

* Ainfi nommé des Changeurs qui y demeuroient.

Hift. l. 8. c. 33.

Gregoire de Tours raporte qu'on difoit de fon temps que Paris avoit été confacré par deux figures d'airain qui repréfentoient un Serpent & un Loir ; que c'étoient deux Talifmans contre les incendies, les Serpens & les Loirs ; qu'en nétoyant le lit de la riviere , fous ce Pont , on avoit ôté ces deux figures , & que depuis ce temps-là cette capitale avoit été fujette à de frequens incendies , & à être infectée de Loirs & de Serpens. Germain Brice cite hardiment ce paffage de Gregoire de Tours fans l'avoir lû, & joint une réflexion ridicule à la plus fauffe citation.

Defcrip. de Paris. T. 1. p. 13.

Les Marchands d'Oifeaux à qui l'on accordoit la permiffion de vendre fur ce Pont, étoient obligez d'en lâcher deux cent douzaines aux entrées des Rois & des Reines. C'étoit aparemment pour marquer que fi le peuple avoit été opreffé fous le regne precédent , fes droits , fes priviléges & fes libertés alloient renaitre avec le nouveau Roi.

A l'entrée d'Ifabeau de Baviere , femme de Charles VI, un Genois fit tendre une corde depuis le haut des

Tours de Notre-Dame jusqu'à une des maisons de ce Pont ; il descendit, en dansant sur cette corde, avec un flambeau allumé à chaque main ; il passa entre les rideaux de taffetas bleu à grandes fleurs de lis d'or qui couvroient ce Pont ; il posa une couronne sur la tête d'Isabeau de Baviere, remonta sur sa corde & reparut en l'air. La chronique ajoute que comme il étoit déja nuit, cet homme fut vû de tout Paris & des environs.

Le Pont Notre-Dame.

Cayet.

Ce fut sur ce Pont que l'Infanterie Ecclésiastique de la Ligue passa en revue devant le legat, le 3 de Juin 1590. Capucins, Minimes, Cordeliers, Jacobins, Carmes, Feuillans, tous la robbe retroussée, le capuchon *Histoire de* bas, le casque en tête, la cuirasse sur *Paris.* le dos, l'épée au côté & le mousquet fur l'épaule, marchoient qùatre à quatre, le Reverend Evêque de Senlis à leur tête avec un efponton : les Curés de S. Jacques de la Boucherie & de S. Côme faifoient les fonctions de Sergens Majors. Quelques-uns de ces miliciens, fans penfer que leurs fufils étoient chargés à balles, voulurent faluer le Legat, & tuerent à côté de lui un de fes Aumôniers. Son Eminence trouvant qu'il commençoit à faire trop chaud à cette revue, fe dépêcha de donner fa bénédiction & s'en alla.

L'Etoille.
1590. Su-
plem.

LE PONT-NEUF.

La longueur de ce Pont eft de cent foixante dix toifes, & fa largeur de douze. Il fut commencé en 1578, & ne fut achevé qu'en 1694. Pour le bâtir, on joignit l'une à l'autre deux petites Ifles fituées au couchant de la

Cité , & qui jusqu'alors en avoit été séparées par un bras de la riviere à l'endroit où est à présent la rue de Harlai : on voit qu'anciennement la *Cité* avoit encore moins d'étendue qu'elle n'en a aujourd'hui. C'est sur ces deux petites Isles que l'on commença de bâtir , en 1608 , la Place Dauphine. La plus grande de ces Isles s'appelloit *l'Isle aux Treilles ,* & l'autre *l'Isle de Buci* ou *du Pasteur aux Vaches.* En 1160 , Louis le jeune fit don au Chapelain de la Chapelle de S. Nicolas du Palais , de six muids de vin par an du crû *de l'Isle aux Treilles.*

PLACE DES VICTOIRES.

Mémoires Liv. V. L'Abbé de Choisi dit que le Maréchal de la Feuillade avoit dessein d'acheter une cave dans l'Eglise des Petits Peres , & qu'il prétendoit la pouffer fous terre jufqu'au milieu de cette Place, afin de fe faire enterrer précifément fous la Statue de Louis XIV. Je fçais que le Maréchal de la Feuillade n'avoit pas mérité par des actions & des victoires fignalées, d'avoir un tombeau à Saint Denis comme Duguefclin & Turenne ; mais il n'étoit pas auffi de ces courtifans inutiles à l'Etat, qu'on devroit enterrer au pied de la Statue de leur Maître, dans la place publique confacrée à l'idole qu'ils ont encenfée & peu fervie : la plaifanterie de l'Abbé Choifi, eft de ces traits qui tombent à faux, & qui ne font tort qu'à l'Ecrivain dont ils décelent la malignité.

Fin des anecdotes fur quelques édifices de Paris.

Non omnibus loquor.

SENEQUE.

LES GAULOIS.

SElon quelques Etymologistes, les Gaulois furent ainsi nommés du mot (1) Grec Γάλα (du lait), parcequ'ils avoient la peau extrêmement blanche. Polibe & Ammian Marcellin nous les représentent d'une taille avantageuse, * le regard farouche, vifs, emportés, hautains ; d'ailleurs pleins de candeur & de franchise , & très-affables envers les étrangers. Cesar dit qu'ils étoient curieux à l'excès, qu'ils arrêtoient les voyageurs & s'attroupoient autour deux dans les places publiques pour leur demander des nouvelles. Ils aimoient la parure & portoient des brasselets, des colliers, des bagues & des ceintures d'or. Leurs cheveux étoient natu-

** Luminum torvitate terribiles.*

______

(1) Les langues Grecque & Celtique étoient originairement la même.

rellement blonds, mais pour les rendre d'une couleur qui leur sembloit plus agréable, ils tâchoient de se les rouffir avec une (1) pomade de suif de chêvre & de cendres de hêtre : les * Vergobrets les poudroient, & leur barbe, avec de la limaille d'or, aux jours des cérémonies. Les femmes entroient dans toutes les assemblées où il étoit question de délibérer sur la paix ou sur la guerre : on tailloit en piéces celui qui arrivoit le dernier, & les hommes chargés de faire faire silence dans ces assemblées, avoient la permission de couper un morceau de l'habit de quiconque faisoit trop de bruit. Ils plongeoient

** Souverains Magiftrats.*

Strabon. l. 4.

(1) Quelques Auteurs prétendent que cette pomade les rougissoit entierement, & que ces peuples croyoient qu'une grande criniere couleur de fang, relevée sur la tête, leur donnoit un air terrible, lorfqu'ils marchoient au combat.

geoient leurs enfans nouveaux - nés
dans l'eau froide pour les rendre plus
robuftes & les tremper à peu près
comme le fer. On condamnoit un
homme trop gras à une amende qui *Strabon.*
augmentoit ou diminuoit chaque *Ibidem.*
année proportionnément à fa taille.
Lorfqu'une fille étoit en âge d'être
mariée, fon pere invitoit à diner les
jeunes gens du canton : elle étoit la
maitrefle de choifir celui qui lui plai-
foit le plus, & pour marquer la pré-
férence qu'elle lui donnoit, c'étoit
par lui qu'elle commençoit à préfenter à laver. Ils prêtoient de l'argent
à condition qu'on le leur rendroit
dans l'autre monde, & pendant les *Val. Max.*
funérailles de leurs parens & de leurs
amis, ils leur écrivoient ce qui s'é-
toit dit & paffé depuis leur mort, &
jettoient leurs lettres dans le bucher.
Quelquefois ils choififfoient deux
corbeaux pour juger les procès : les

Tome II. C

parties mettoient fur une même plan-
che deux gâteaux de farine détrem-
pée avec de l'huile & du vin, & les
portoient au bord d'un certain lac :
Strabon. on voyoit auffitôt arriver deux cor-
Ibidem. beaux qui en éparpilloient un & qui
mangeoient l'autre en entier : la partie dont le gâteau n'étoit qu'épar-
pillé, gagnoit fa caufe. Un plaideur
mécontent diroit peut-être que c'eft
un emblême fous lequel les Druides
ont prophétifé la façon dont on rendroit un jour la juftice dans les Gaules ; les corbeaux font voraces, leur
plumage eft noir, & la partie qui
gagne eft fouvent prefqu'auffi ruinée
que celle qui perd.

Ils avoient la plus grande vénération pour les chênes, & furtout pour
ceux que la cérémonie du *Guy*
avoit confacrés : c'étoit par cette
cérémonie religieufe qu'ils annon-
çoient la nouvelle année : les Druides

accompagnés des Magiſtrats & du peuple qui crioit AU GUY L'AN * NEUF, alloient dans une forêt, y dreſſoient avec du gazon, autour du plus beau chêne, un autel triangulaire & gravoient ſur le tronc & ſur les deux plus groſſes branches les noms des Dieux qu'ils croyoient les plus puiſſans :

THEUT
(1) ESUS.TARAMIS.BELENOS.
THEUT.

Enſuite un Druide vêtu d'une tunique blanche, montoit ſur cet arbre, y coupoit le *Guy* avec une ſerpe d'or, tandis que deux autres Druides étoient au pied pour le recevoir dans un linge, & prendre bien garde

* Le nouvel an.

Plin. hiſt. nat. l. 16. c. 44.

(1) *Eſus*, le Dieu terrible. *Heuze* ou *hëus* ſignifie en bas-Breton *épouvante*, une eſpece *d'horreur ſacrée*.

qu'il ne touchât à terre. Ils diftri-
buoient l'eau où ils faifoient tremper
ce nouveau *Guy* , & perfuadoient au
peuple qu'elle étoit luftrale , très-
efficace contre les fortileges , &
qu'elle guériffoit de plufieurs maladies.

Les Gaulois adoroient le foleil
fous les noms de *Taramis* , de *Bele-
nos* & de *Mithras*. Les initiés aux
myfteres de *Mitras* étoient partagés
en plufieurs confrairies dont chacune
avoit pour fymbole une conftellation
célefte , & les confreres célébroient
leurs fêtes , faifoient leurs proceffions
& leurs feftins , déguifés en *lion* , en
bélier , en *ourfe* , en *chien* &c , c'eft-
à-dire fous les figures qu'on fuppofe
à ces conftellations ; ainfi nos bals &
nos mafcarades dont voilà fans doute
l'origine , étoient autrefois des cérémonies de religion.

Le principal College des Druides.

Céſar dit poſitivement que ce Col-
lége étoit ſur les confins du pays
Chartrain , *in finibus Carnutum.*
Etoit-il dans la ville de Dreux dont
le nom venoit ſans doute , comme
celūi de *Druides* & de *Druyer* ou
Gruyer , du mot celtique *Deru* , ou du
mot grec *δρῦς* , un chene ? On apelloit auſſi les Druides *Senans* , c'eſt-à-
dire *hommes vénérables.* A l'occaſion
de ce dernier nom , l'Auteur de la Religion des Gaulois raporte une lettre
d'un Chanoine Regulier de Ste Genevieve à un Religieux Bénédictin
de la Congrégation de S. Maur ; la
voici : *Je vous prie , mon Reverend
Pere , de chercher dans M. de Valois
ou ailleurs ce que pouvoit être le lieu de
Senantes , entre Chartres & Dreux. On*

C iij

trouve dans deux champs qui font entre l'Eglife de Senantes & un endroit apellé le Grand Coudray, une quantité prodigieufe de Medailles du premier âge ; j'en enverrai à la premiere commodité vingt ou trente à mon frere, pour les faire voir aux connoiffeurs. On a auffi découvert une petite chambre en quarré, fous terre, & où un cheval enfonça en labourant. Cette chambre étoit pavée à la mofaïque, en petites piéces de raport. Les Médailles fe trouvent pour peu qu'on laboure, ou qu'on arrache du chaume. Il y a encore bien des endroits dans les champs dont je vous parle, où le bled ne fçauroit venir, preuve qu'il y a du creux deffous. Dans une donation faite (1) du temps d'Ives de Chartres, de l'Eglife de

---

(1) Ives de Chartres mourut en 1115, âgé de quatre-vingt-ans.

Senantes *à Coloms, ce lieu se nomme Locus de Senantis. D'où vient ce mot ? Si les Druides demeuroient à Dreux, Senantes n'en est pas éloigné ; mais les grandes briques souterraines qu'on découvre à chaque pas & les Medailles qu'on trouve à foison , marquent un travail des Romains.*

L'Auteur de la Religion des Gaulois observe que les Médailles Romaines & l'air Romain qu'on remarque dans les restes d'antiquités qu'on trouve à *Senantes* , ne font rien à la chose , parce que les Druides ont été en réputation dans les Gaules , & ailleurs , plusieurs siécles avant & après la conquête de ces vastes provinces par les Romains ; & qu'ainsi ces Prêtres pouvoient avoir des Piéces & Medailles Romaines , & donner l'air Romain aux ouvrages qu'ils firent faire à Dreux & à Senantes , depuis César.

C iv

SIEGE DE PARIS PAR LABIENUS UN DES LIEUTENANS DE CESAR, L'AN DE ROME 701, 52 ANS AVANT JESUS-CHRIST.

De bello Gallico. L. 7. c. 54. 55. 56. Labienus ayant laissé à Sens, pour garder les bagages, les recrues nouvellement arrivées d'Italie, marcha avec quatre légions vers Lutece qui ne consistoit alors que dans cette petite Isle que nous appellons la Cité. Il trouva les Parisiens campés derriere un marais que formoient les eaux de la riviere de Bievre : c'est aujourd'hui le Faubourg Saint Marceau. Après avoir tenté inutilement de rendre ce marais praticable avec des claies & des fascines, il décampa de nuit & retourna vers Melun qui ne put pas lui résister, la plûpart des habitans étant venus au secours des Parisiens Il se servit de cinquante grands bateaux qu'il y trouva , pour faire paffer fes troupes de l'autre côté de la Seine , & vint camper fur ce terrein que couvrent aujourd'hui tant de rues & de maifons depuis l'Eglife de Saint Gervais jufqu'au Louvre. Les Parifiens dans la crainte qu'il ne s'emparât de leur Ville , y mirent le feu, couperent * les ponts & fe camperent de l'autre côté de la riviere , ayant leur droite au ** bas du Mont Leucotitius & leur gauche où eft à préfent le Quai de Conti. Au bout de quelques jours , on apprit que les peuples d'Autun avoient fecoué le joug des Romains & que Cefar avoit levé le fiége de Clermont en Auvergne ; on ajoutoit même que faute de vivres , il fe retiroit dans la Gaule Narbonoife. Labienus ne fongea plus qu'à fe raprocher de Sens , où il avoit laiffé tous les bagages de fon armée ; mais fa retraite étoit d'autant plus dif-

* Le petit Pont & le Pont au Change.
** La Place Maubert & Ste Genevieve.

ficile qu'il falloit paffer la Seine à la vûe des Parifiens & qu'il avoit derriere lui les peuples de Beauvais qui fe préparoient à venir l'attaquer. Pour fe tirer de cette fâcheufe pofition, il ufa de ftratagême. Il diftribua aux Chevaliers Romains les cinquante bateaux qu'il avoit amenés de Melun, avec ordre, dès qu'il feroit nuit, de defcendre la riviere dans le plus grand filence, & d'aller l'attendre à deux lieues du camp : il laiffa, pour le garder, cinq Cohortes, & en commanda cinq autres qui fe mirent dans des barques & remonterent vers Melun, affectant de faire beaucoup de bruit ; enfuite avec trois légions, il alla joindre les Chevaliers Romains à l'endroit qu'il leur avoit marqué, c'eft-à-dire vis-à-vis d'Auteuil. Lorfque les Parifiens s'apperçurent de tous ces mouvemens, ils fe perfuaderent que l'ennemi troublé & confterné par les dernieres nouvelles , fe féparoit en défordre & ne cherchoit qu'à fuir de tous côtés ; ils fe partagerent donc en trois corps ; l'un refta pour garder le camp ; l'autre prit le chemin de (1) Melun , & le troifiéme marcha vers Meudon & rencontra Labienus qui avoit déja fait paffer la riviere à fa Cavalerie & à fon Infanterie ; le combat fut des plus fanglans & dura tout le jour ; enfin la victoire fe déclara pour les Romains. Paris refta fous leur domination jufqu'au regne de Clovis , c'eft-à-dire environ cinq cent trente-trois ou trente-quatre ans.

(1) La pénétration des Commentateurs s'eft prodigieufement exercée fur le mot *Metiofedum* ; les uns difent que c'eft Corbeil & les autres que c'eft Meudon ; je crois que *Metiofedum* eft une faute dans le texte , & qu'il doit y avoir *Melodunum* , Melun.

LES * FRANCS.

Les Francs, dit l'Auteur des gestes de nos Rois, (1) *élurent un Roi
chevelu, Pharamond fils de Marcomir.*

Les Francs, dit Grégoire de Tours,
*ayant passé le Rhin, s'etablirent d'abord
dans* (2) *la Iongrie où ils créerent, par
Cantons & par Cités, des Rois cheve-
lus, de la famille la plus distinguée
parmi eux.* Il raconte dans un autre
endroit que le jeune Clovis, fils de
Chilpéric, ayant été poignardé &
jetté dans la Marne par l'ordre de
Fredegonde sa belle-mere, son corps
s'arrêta dans les filets d'un pescheur

---

(1) Par tout ce que je dirai dans cet article, on verra qu'on ne doit pas plutôt donner
à Clodion le surnom de *chevelu* qu'aux autres Rois de la premiere Race.

(2) Le pays de Liége : j'ai relû la disserta-
tion du P. Daniel à ce sujet ; elle m'a confirmé de plus en plus dans l'opinion contraire à
son systême.

qui ne put pas douter *à sa longue che-*
velure que ce ne fut le fils du Roi.

Agathias , Historien contemporain , raporte que Clodomir, fils de
Clovis, ayant été tué dans une bataille
contre les Bourguignons , ils recon-
nurent ce Prince parmi les morts *à sa*
longue chevelure ; car c'est un usage
établi chez les Rois des Francs , ajoute-
t-il , *de laisser croître leurs cheveux dès*
l'enfance & de ne les jamais couper ;
ils les partagent également des deux
côtés sur le haut du front , & les laif-
sent floter avec grace sur les épaules....
cette sorte de chevelure est regardée
comme une prérogative attachée à la
famille Royale. Excepté ceux qui en
étoient , aucun des *Francs* ne pouvoit donc porter ses cheveux épars ;
ils se les coupoient tout autour de la
tête , en conservant ceux du sommet
sur lequel ils les nouoient & les ratachoient de façon que le bout de ce

toupet ombrageoit le front en forme d'aigrette ; c'eſt ainſi que nous les repréſentent Sidonius Apollinaris dans ſon Panégirique de Majorien, & Martial dans une Epigramme à Domitien :

Sidon. Apollinar. Paneg. Carmen 47.

Hic quoque monſtra domas rutili quibus arce cerebri
Ad frontem coma tracta jacet , nudataque cervix
Setarum per damna nitet.

» Vous avez dompté des monſtres
» dont la chevelure qui tombe du
» ſommet de la tête , revient ſur le
» front , tandis que le derriere de leur
» tête eſt dénué de cheveux.

Martial. l. 1. Epigramm.

Crinibus in nodum tortis venere ſicambri.

» On y vit les Sicambres dont les che-
» veux ſont nattés.

La nation ſubjuguée (c'eſt-à-dire les Gaulois ou Romains) portoit les cheveux courts : les Serfs avoient la

tête rafe : les Eccléfiaftiques pour marquer davantage leur fervitude fpiri-
tuelle, fe la faifoient rafer entierement
& ne confervoient qu'un petit cercle
de cheveux. On juroit fur fes cheveux
comme on jure aujourd'hui fur fon
honneur : les couper à quelqu'un, c'é-
toit le dégrader, c'étoit le flétrir. On
obligeoit ceux qui avoient trempé
dans une même confpiration de fe les
couper les uns aux autres. Fredegonde coupa les cheveux à une Maî-
treffe de fon beau fils, & les fit attacher à la porte de l'appartement de
ce Prince ; l'action parut horrible.
En faluant quelqu'un, rien n'étoit
plus poli que de s'arracher un cheveu, & de le -lui (1) préfenter :
Clovis s'arracha un cheveu & le

---

(1) C'étoit dire qu'on lui étoit auffi dévoué que fon efclave : l'homme qui tomboit dans l'efclavage, coupoit fes cheveux
& les préfentoit à fon maître.

donna à S. Germier pour lui marquer à quel point il l'honoroit ; auſſitôt chaque Courtiſan s'en arracha un & le préſenta à ce vertueux Evêque qui s'en retourna dans ſon Diocèſe, enchanté des politeſſes de la Cour.

On ſe tromperoit ſi l'on croyoit qu'en coupant les cheveux d'un Prince du ſang Royal, on l'obligeoit de ſe faire Prêtre ou Moine ; il pouvoit vivre dans le monde & même ſe marier, mais ni lui ni ſes enfans n'étoient plus de la Nation ; la longue chevelure étant la marque diſtinctive entre les *Francs* & le peuple ſubjugué, couper les cheveux à quelqu'un, c'étoit lui déclarer qu'il devenoit étranger, & par conſéquent inhabile à ſuccéder à la premiere dignité de l'Etat. Cette loi contre quiconque étoit cenſé n'être plus de la nation, a toujours été conſtamment obſervée depuis le commencement de la Mona-chie jusqu'à présent : Hugues Capet l'allegue contre Charles Duc de la basse Lorraine & contre ses enfans : le Duc d'Anjou (depuis Henri III.) ne voulut point aller recevoir la couronne de Pologne qui lui étoit déferée, qu'il n'eut auparavant des lettres patentes de Charles IX, qui le déclaroient toujours *regnicole*, quoiqu'en pays étranger, & Philippe V appellé au thrône d'Espagne, en obtint de pareilles de Louis XIV, auxquelles il ne renonça que lorsqu'il fut paisible possesseur de ce thrône, c'est-à-dire lorsque le Régent (le Duc d'Orléans) eut engagé l'Empereur Charles VI à y renoncer.

Mémoires de Torci.

On reconnoît les Sueves, dit Tacite, *d'avec les autres Germains à la façon dont ils nattent leurs cheveux ; c'est aussi par là que dans leur pays on distingue l'homme libre d'avec l'esclave: tous ceux qui portent leurs cheveux de*

De Moribus Germ. c. 38.

la même maniere dans le reste de la Germanie, ne le font qu'à leur imitation, ou parcequ'ils ont quelqu'alliance avec eux, & même ce n'est que pendant leur enfance, au lieu que les *Sueves* les portent ainsi toute leur vie ; souvent ils se contentent de les retrousser sur le haut de la tête ; mais leurs Princes ont toujours un soin particulier de leur chevelure. Il me semble que ce passage après ceux d'Agathias & de Gregoire de Tours que j'ai rapportés, indique assez d'où sortoient les *Francs*, & que c'étoient des détachemens de *jeunes Sueves* qui s'associoient & quittoient les bords de l'Elbe & du Veser pour aller chercher fortune ailleurs ; or les *Sueves* étoient originairement (1) *Gaulois* ;

---

(1) Ambigat, Roi des Celtes, vivoit du tems de Tarquin l'ancien Roi de Rome ; il regnoit sur cette même étendue de pays qui compose aujourd'hui la Monarchie

parconféquent les *Francs* en conquérant les Gaules fur les *Romains*, ne
firent que rentrer dans la patrie de
leurs ancêtres.

Françoife, en y joignant toute la Flandre ;
Bourges étoit la Capitale de fes Etats ; fon *Tit. Li*
peuple étoit fi nombreux que les provin- *l. 5.*
ces en étoient furchargées ; il fit publier
qu'il vouloit envoyer Sigoveze & Belloveze,
fils de fa fœur, établir des Colonies dans les
pays où les Dieux & les Augures les condui-
roient ; trois cent mille de fes fujets fuivi-
rent ces jeunes Princes ; Belloveze franchit
les Alpes & s'établit le long du Pô ; Sigoveze
traverfa la forêt Hercinie, entra dans la Bo-
hême, y laiffa une partie de fon armée, &
alla avec le refte terminer fes courfes entre
l'Elbe & le Vefer, au bord de l'Ocean.
Quelques Auteurs prétendent que les Sem- *De Mori-*
nons (*Semnones*), dont parle Tacite, & qui *bus Germ.*
étoient les plus puiffans parmi les Sueves, *c. 39.*
defcendoient de ceux du pays de Sens (*Seno-*
nes), qui avoient fuivi Sigoveze : ce font
aujourd'hui les Saxons.

MŒURS ET USAGES SOUS LA PREMIERE RACE.

Les François étoient tous libres ; tous égaux ; les honneurs & les dignités n'établissoient entr'eux qu'une subordination momentanée;ils avoient des *Chefs*, des *Juges*, & point de Supérieurs.

C'étoit sur les Gaulois, sur la Nation subjuguée qu'on mettoit des impôts , & qu'on levoit un tribut : l'indépendance de la personne & des biens du François étoit entiere ; il ne devoit à l'Etat que de la fidélité, de l'attachement , du courage , & son bras.

Les Historiens nous le représentent impétueux , violent , toujours prêt à revendiquer ses droits à main armée ; mais d'ailleurs généreux , bienfaisant & d'une probité à laquelle il sacrifioit le bien même qu'il regardoit comme le plus cher, la liberté : lorſqu'il ne pouvoit pas payer ſes dettes, il alloit à ſon créancier, lui préſentoit des cizeaux, & devenoit ſon *ſerf* en ſe coupant ou en ſe laiſſant couper les cheveux. Il y a longtemps que la bienſéance a fait renoncer à cette vieille & ridicule probité : conviendroit-il qu'on vit un Duc aulner du Drap, & balayer la boutique d'un Marchand ?

Il mangeoit ordinairement dans ſa Cour dont la porte étoit ouverte : il invitoit les paſſans, entr'autres les étrangers, à venir ſe mettre à table : la chere n'étoit pas délicate : c'étoient de grands quartiers de porc ou de bœuf rôtis : on buvoit beaucoup : on s'expliquoit très-librement ſur la conduite de ceux qui gouvernoient ; mais il n'étoit pas permis de parler mal des femmes.

Tous les crimes, excepté la tra-

hifon envers la Patrie , s'expioient
par des amendes. Celui qui ne fe
préfentoit pas pour venger la mort
de fon pere (1) ou de fon parent,
étoit exclû de fa part dans l'héritage :
la façon de pourfuivre juridiquement
cette vengeance , confiftoit à citer le
Meurtrier devant le Juge , & à lui
déclarer à haute voix que déformais
on le fuivroit , on l'attaqueroit par
tout , & qu'on employeroit contre
lui le fer & le feu. Le Juge & des
amis communs tâchoient d'adoucir
les efprits , & de les porter à ce qu'on
appelloit une *compofition* : c'étoit une
amende que le Meurtrier confentoit
de payer : elle étoit de deux cent
fols d'or pour le meurtre d'un Fran-

____

(1) Le Duc Sandragéfile ayant été tué
par quelqu'un de fes ennemis, les Grands
du Royaume citerent fes enfans qui négli-
geoient de venger fa mort , & les priverent
de fa fucceffion.

çois, & de la moitié pour celui d'un *ingenu*, c'eſt-à-dire, d'un Gaulois, ou d'un Romain libre.

On obligeoit le voleur d'un chien de chaſſe de faire trois tours ſur la Place publique, en lui baiſant le derriere. Si l'on voloit un Epervier, on étoit condamné à une amende de huit écus d'or, où à ſe laiſſer man-ger par cet oiſeau cinq onces de chair ſur une partie du corps que le Lec-teur devine dès qu'on ne la nomme pas.

Avant que la Nation eût embraſſé le Chriſtianiſme, elle choiſiſſoit pour enterrer ſes Rois & ſes Généraux, quelque Camp fameux par une vic-toire. On élevoit ſur leurs ſépultures, avec des pierres, du ſable & du gazon, des eſpéces de monticules de la hauteur de trente ou quarante pieds : on voit encore pluſieurs de ces *Tombes* en France & dans le

Pays de Liége. Childéric, pere de Clovis, fut enterré près de Tournay, au bord de l'Efcaut, dans un endroit renfermé depuis dans l'enceinte de cette Ville. On découvrit fon tombeau en 1653, & l'on y trouva une bourfe de cuir pourrie, plus de cent pièces d'or, & environ deux cens pièces d'argent de différens Empereurs ; des boucles, des agraffes, des filamens d'habits, la poignée & la bouterolle d'une épée, le tout d'or ; des tablettes avec leur ftile & des plaques d'or ; la figure en or d'une tête de Bœuf *, & plus de trois cens petites abeilles (1), du même

* C'étoit, dit-on, l'Idole qu'il adoroit.

(1) Elles s'étoient aparemment détachées de fa cotte-d'armes où elles étoient femées. On a prétendu que *des abeilles* étoient le fymbole des premiers Rois François, & que lorfqu'on imagina les armoiries fous la troifiéme Race, on prit pour des fleurs de lys *ces abeilles* mal gravées fur les pierres des anciens tombeaux.

même métail ; les os , le mord , un fer , & quelques restes du harnois d'un Cheval ; un globe de cristal , une pique , une hache d'armes , un squelette d'homme en entier , & à côté de la tête de ce squelette , une autre tête moins grosse , qui paroissoit avoir été celle d'un jeune homme , & apparemment de l'Ecuyer qu'on avoit tué suivant la coutume pour accompagner & aller servir la bas son Maître : enfin un anneau d'or avec ces mots Latins autour , CHIL-DIRICI REGIS. Ce Prince étoit représenté dans le cachet de cet anneau avec de longs cheveux , & un javelot à la main en guise de sceptre. On voit qu'on avoit eu soin d'enterrer avec lui ses habits , ses armes , de l'argent , un cheval , un domestique , des tablettes pour écrire ; en un mot tout ce qu'on croyoit pouvoir lui être nécessaire dans l'autre monde. Aujourd'hui quand la mort nous enlève nos Rois, on continue pendant quarante jours de servir leur table, de faire l'essai de l'eau & du vin, & de leur présenter chaque plat comme s'ils étoient encore vivans.

La belle Austrigilde obtint, en mourant, du Roi Gontran son mari, qu'il feroit tuer & enterrer avec elle les deux Médecins qui l'avoient soignée pendant sa maladie. Ce font, je crois, les feuls qu'on ait inhumés dans les tombeaux des Rois ; mais je ne doute pas que plusieurs autres n'ayent mérité le même honneur.

La plus fordide avarice n'avoit point encore engagé les Ministres du Seigneur à paver son temple de cadavres. S. Gregoire le Grand, contemporain des petits-fils de Clovis, dans les permissions qu'il accordoit pour bâtir des Eglises, ne manquoit jamais de marquer expressément, *pourvû qu'on soit bien assuré qu'aucun corps n'a été inhumé dans cet endroit.*

Le Concile de Nantes en 656, en permettant d'enterrer dans le vestibule & aux environs des Eglises, défend toute inhumation dans l'intérieur & auprès des Autels. Les personnes riches avoient des tombeaux auprès des Villes & des Villages, & l'usage de les enterrer avec leurs habits, leurs armes, un épervier, & quelques unes des choses précieuses qui leur avoient appartenu; a subsisté pendant plusieurs siécles. On payoit des hommes pour veiller à la garde de ces tombeaux.

A la fin de la premiere race, il y avoit encore plus du tiers des François plongés dans les ténébres de l'idolâtrie. Ils croyoient qu'à force de méditations, certaines filles *Druidesses* avoient pénétré dans les secrets de la nature; que par le bien qu'elles avoient fait dans le monde , elles avoient mérité de ne point mourir ; qu'elles habitoient au fond des puits, au bord des torrens , ou dans des cavernes ; qu'elles avoient le pouvoir d'accorder aux hommes le don de se métamorphoser * en loups & en toutes sortes d'animaux , & que leur haine ou leur amitié décidoit du bonheur ou du malheur des familles : à certains jours de l'année , & à la naissance de leurs enfans , ils avoient grande attention de dresser une table dans une chambre écartée , & de la couvrir de mets & de bouteilles , avec trois couverts & de petits présens , afin d'engager les *Maires* , (c'est ainsi qu'ils appelloient ces Puissances subalternes) à les honorer de leur visite , & à leur être favorable. Voilà l'origine de nos Contes de Fées.

Ils pensoient que les Dieux étant des êtres immenses , on ne devoit pas

* Au commencement de l'onziéme siecle , on appelloit cette métamorphose *Vervoulf.*

leur bâtir des Temples ; que leur Divinité rempliſſoit les forêts , & qu'elle étoit empreinte ſur l'écorce ſillonnée & la mouſſe jaunâtre des vieux chênes : ils n'approchoient qu'en tremblant du bois qu'ils avoient choiſi pour célébrer leurs myſteres ; le ſilence & l'obſcurité qui y regnoient , leur inſpiroient une crainte, une eſpèce d'horreur religieuſe qu'ils regardoient comme un effet de la préſence du Dieu qu'ils venoient adorer ; ils craignoient à chaque pas qu'il ne ſe préſentât à eux. Pour lui marquer leur dépendance , ils n'entroient que liés * dans ce bois , & s'ils tomboient, il ne leur étoit pas permis de ſe relever : il falloit qu'ils marchaſſent à genoux , ou qu'ils ſe roulaſſent juſqu'à ce qu'ils fuſſent hors de cette enceinte ſacrée. On peut juger combien des hommes pénétrés d'une pareille vénération pour

* *Nemo niſi vinculo ligatus ingreditur.*

les endroits qu'ils croyoient habités par les Dieux , étoient fcandalifés en voyant les Chrétiens entrer avec des armes dans les Eglifes , s'y parler , fe faluer , changer de place & d'atitudes comme dans un amphithéâtre. Je remarque que fi les Eccléfiaftiques de ce temps-là ne réprimoient pas ces indécences avec toute la févérité convenable , ils avoient du moins l'attention de faire fentir le refpect qu'on devoit à leurs perfonnes : un des Decrets du Concile de Mâcon portoit , *que tout Laïque qui rencontreroit en chemin un Prêtre ou un Diacre , lui préfenteroit le cou pour s'appuyer ; que fi le Laïque & le Prêtre étoient tous deux à cheval , le Laïque s'arrêteroit , & falueroit reveremment le Prêtre , & qu'enfin fi le Prêtre étoit à pied , & le Laïque à cheval , le Laïque defcendroit , & ne remonteroit que lorfque l'Eccléfiaftique feroit à une certaine diftance : le tout fous peine d'être interdit pendant auſſi long temps qu'il plairoit au Métropolitain.*

Dans ce même Concile de Mâcon, un Evêque (1) ayant ſoutenu qu'on ne pouvoit, ni qu'on ne devoit qualifier les femmes de créatures humaines, la queſtion fut agitée pendant pluſieurs ſéances ; on diſputa vivement ; les avis ſembloient partagés ; mais enfin les partiſans du beau ſexe l'emporterent : on décida, on prononça ſolemnellement qu'il faiſoit partie du genre humain, & je crois que l'on doit ſe ſoumettre à cette déciſion, quoique ce Concile ne ſoit pas œcuménique.

Les Evêques étoient obligés de

____

(1) *Cum inter tot ſanĉtos Patres Epiſcopos, quidam ſtatueret, non poſſe nec debere mulieres vocari homines : timore Dei publicè ibi ventilaretur, & tandem poſt multas vexata hujus queſtionis diſceptationes concluderetur quod mulieres ſint homines.* Polygamiâ Triumphatrix, pag. 123.

nourrir les pauvres, les prisonniers, & de racheter les Captifs Chrétiens; ce qui augmentoit leur crédit & les richeſſes de quelques-uns. Quand on eſt chargé des charités, on a le droit d'en demander, & de les recueillir.

Ils eurent beaucoup de párt aux heureux ſuccès des armes de Clovis, en engageant ſecrettement les Villes à ſe révolter contre Gondebaud Roi des Bourguignons & à ſe ſoumettre aux François. Clovis étoit Payen, mais Gondebaud étoit hérétique; Arrien.

Un homme, quoique marié, pouvoit être promû au Diaconat, à la Prêtriſe; & devenir Evêque, en déclarant qu'à l'avenir il ne vivroit plus avec ſa femme que comme avec ſa ſœur : ſon fils obtenoit ordinairement la ſurvivance. Il n'étoit pas permis d'épouſer *la delaiſſée* d'un Prêtre ou d'un Diacre.

Greg. Tur.
l. 2. c. 23.
& 36.

Le sixiéme Canon du Concile d'Orléans, tenu sous la fin du regne de Clovis, deffendit à tout séculier de se présenter pour être d'Eglise, sans une permission du Roi ou du Juge. Charlemagne en renouvellant cette deffense dans ses Capitulaires, en explique le motif en ces termes : * *De peur que le service du Roi n'en souffre.*

Ce n'étoit pas la naissance ou la politique, c'étoit presque toujours la beauté qui faisoit les Reines. Les Rois, avec l'usage passager des Maîtresses, se permettoient encore la pluralité des femmes. *Cher Prince*, dit un jour Ingonde à Clotaire I, son mari, *j'ai une sœur que j'aime ; elle s'appelle Aregonde, & demeure à la campagne ; j'espere que vous voudrez bien vous charger de son établissement , & lui choisir un époux.* Clotaire alla voir cette Aregonde *à sa maison des Champs* , la trouva jolie , l'épousa , & revint en-

D v

ſuite dire à Ingonde qu'il n'avoit point imaginé de parti plus ſortable pour ſa ſœur que lui-même ; qu'il l'avoit épouſée, & que déſormais elle l'auroit pour compagne.

Un Prince étoit ſauvé ou damné, ſelon le bien ou le mal qu'il avoit fait aux Moines : ils avoient établi pour maxime *qu'il ne s'agiſſoit pour s'aſſurer une place en Paradis que de s'y faire un bon ami, & qu'on pouvoit racheter les injuſtices les plus criantes, les crimes les plus énormes par des donations en faveur des Egliſes.* L'Auteur des geſtes de Dagobert raporte *que ce Prince étant mort, fut condamné au jugement de Dieu, & qu'un ſaint Hermite nommé Jean, qui demeuroit ſur les côtes de la mer d'Italie, vit ſon ame enchaînée dans une barque, & des diables qui la rouoient de coups en la conduiſant vers la Sicile où ils devoient la précipiter dans les gouffres du mont Etna ; que S. Denis avoit tout à coup*

Mezerai. Tom. I. p. 225.

Geſta Dagob. Regis. cap. 47.

paru dans un globe lumineux , précédé des éclairs & de la foudre ; & qu'ayant mis en fuite ces malins esprits , & arraché cette pauvre ame des griffes du plus acharné , il l'avoit portée au Ciel en triomphe. Cette derniere aventure du Roi Dagobert fut peinte derriere son tombeau dans la magnifique Eglise qu'il avoit fait bâtir à son bienheureux Protecteur.

Abderame , Lieutenant du Caliphe de Damas , après avoir conquis l'Espagne , franchit les Pyrennées , & s'avança jusqu'à Tours à la tête de quatre cent mille Sarazins. Charles Martel par son activité , sa prudence & sa valeur , remporta la victoire la plus complette sur cette formidable armée : à peine , disent la plûpart des Historiens , en échappa-t-il vingt-cinq mille. Si ce vaillant homme n'avoit pas arrêté cet impétueux torrent , on verroit peut-être aujourd'hui autant de

D vj

turbans en France qu'en Afie. Quelle obligation ne lui avons-nous donc point ! Mais pour payer & retenir fes *P. Daniel. Tom. I. p. 347.* foldats, il s'étoit fervi de l'or & de l'argent qu'il avoit trouvé dans quelques Monafteres ; il diftribua même de riches Abbayes à ceux de fes Capitaines qui l'avoient le mieux fecondé ; il fut damné, *& damné en corps & en ame*, pour rendre, à ce qu'on croyoit dans ce fiécle groffier, fa damnation plus honteufe. On lit dans *Mezerai. Tom. I. p. 331.* la vie de Saint Eucher, *qu'étant en Oraifon, il fut ravi en efprit & mené par un Ange en Enfer ; qu'il y vit Charles Martel, & qu'il apprit de l'Ange, que les Saints dont ce Prince avoit dépouillé les Eglifes, l'avoient condamné à brûler éternellement en corps & en ame. Saint Eucher*, ajoute fon Hiftorien, *écrivit cette révélation à Boniface Evêque de Mayence, & à Fulrad, Archichapelain de Pepin le Bref, en les priant d'ouvrir* *le tombeau de Charles Martel, & de voir si son corps y étoit. Le tombeau fut ouvert ; le fond en étoit tout brûlé, & on n'y trouva qu'un gros serpent qui en sortit avec une fumée puante.* Boniface eut l'attention d'écrire à Pepin le Bref & à Carloman toutes ces preuves & circonstances de la damnation de leur pere. En 858, Louis de Germanie s'étant emparé de quelques biens Ecclésiastiques, les Evêques de l'Assemblée de Crecy lui rappellerent dans une Lettre toutes les particularités de cette terrible histoire, en ajoutant qu'ils les tenoient de vieillards dignes de foi, & qui en avoient été témoins oculaires.

Mezerai.
Tom. 1. p.
332.

Je finis cet article sur les mœurs & usages de la premiere race, en disant que la conduite féroce, perfide & barbare de Clovis & de la plûpart de ses fils & de ses petits-fils, ne doit pas nous prévenir contre le caractere des François de ce temps-là. Mon idée paroîtra peut-être singuliere ; je crois que dans un Etat composé, comme l'étoit alors la Monarchie, d'une Nation subjuguée, & d'une autre absolument libre, il étoit presque impossible qu'il y eût de bons Rois : le François jouissoit de son indépendance, la goutoit & n'alloit jamais à la Cour : les Rois n'avoient donc pour Favoris, que des Affranchis ; pour Confidens, que des Esclaves, & pour Conseil, que des Gaulois qui cherchoient à s'élever, & dont l'ame tremblante & flétrie, dévouée aux caprices de son Idole, approuvoit ses emportemens, & flattoit toutes ses passions.

Mœurs , usages & coutumes sous la seconde Race.

Il paroît que les François ne penserent en attaquant les Gaules, qu'à sortir de leurs forêts pour jouir d'une vie plus douce dans des provinces fertiles , abondantes & cultivées. S'ils avoient eû pour objet de fonder un Empire , ils n'auroient pas manqué de statuer dans une de leurs assemblées du *champ de Mars* , que la Royauté seroit indivisible , substituée à l'aîné, & que les cadets n'auroient que des appanages réversibles à la couronne au deffaut de mâles. Les quatre fils de Clovis en partageant entr'eux ses conquêtes , formerent quatre Royaumes , & ce funeste partage , outre qu'il affoiblissoit les forces générales de la nation en les divisant , ne manqua pas de devenir entre ces Princes & leurs successeurs , une source intarissable de prétentions

respectives, de défiances, d'animosi-
tés & de guerres civiles fommentées
par la jaloufie & l'ambition.

La même caufe produifit, fous la
feconde race, les mêmes malheurs :
les François maîtres de prefque toute
l'Europe fous le regne de Charlemagne, virent bientôt leur gloire & leur
grandeur s'évanouir par les partages
qu'affigna Louis le debonnaire à chacun de fes enfans. *La divifion de l'Empire François entre trois freres égaux en
puiſſance, défunit, dit Mezerai, les
peuples de la Gaule de ceux de la Germanie & de l'Italie qui commençoient à fe
joindre en un corps de Monarchie.* La
France épuifée de foldats par la
guerre que fe faifoient ces Princes,
devint aifément en proie aux rava-
ges des Normands.

Les Papes devoient toute leur
fortune temporelle à Charlemagne ;
mais fouvent les Prêtres croyent ne

devoir de la reconnoiſſance qu'à Dieu ; ils profiterent des troubles pour tâcher de donner des fers à leurs Empereurs ; ce fut au ſein de la diſcorde qu'ils forgerent ces foudres que la ſuperſtition & l'ignorance de ces temps-là rendirent ſi redoutables.

Sous la premiere Race , on mettoit dans la main du Prince deſtiné pour regner , la hache ou *l'Angon* (1) de ſon prédéceſſeur ; on l'élevoit en-ſuite ſur le pavois , c'eſt-à-dire que des ſoldats le portoient ſur leurs bou-cliers autour du camp : telle étoit la façon noble & ſimple dont ſe faiſoit l'inauguration de nos premiers Rois :

(1) Eſpece de Javelot dont un des bouts reſſembloit à une fleur de lys ; le fer du milieu étoit droit , pointu & tranchant ; les deux autres qui y joignoient, étoient recour-bés en croiſſans. Il y a toute apparence que nos Rois choiſirent cet *angon* pour leurs armoiries , & qu'on s'eſt trompé en croyant que c'étoit une fleur de lys.

jamais ni ceux qui leur avoient pré-
senté la hache ou l'angon, ni les soldats qui les avoient portés autour du
camp, ne s'imaginerent avoir acquis
par cette cérémonie le droit de les
détrôner. S. Boniface (1) Archevêque de Mayence & Légat du Saint
Siége, persuada à Pepin le Bref (le
premier Roi qui ait été sacré) qu'en
se faisant oindre d'une huile sanctifiée
à l'exemple des Rois d'Israël, il rendroit sa personne plus auguste, sa
puissance plus respectable, & que
son élection, loin de passer pour une
usurpation, seroit regardée comme
un décret du Ciel. L'introduction de

______

(1) *En chaque occasion*, dit Mezerai, *il
faisoit ensorte que chaque chose eut raport à
la souveraineté du Pape à qui il s'étoit entierement dévoué.*

Quelques Auteurs ont écrit que ce même
Boniface dénonça le Prêtre *Virgile* que le
Pape excommunia comme hérétique, parce
qu'il soutenoit qu'il y avoit des antipodes.

cette cérémonie jusqu'alors inuſitée, fut le germe de cet orgueilleux délire qui fit commettre aux Eccléſiaſtiques tant d'atentats contre l'autorité temporelle : comme les Evêques en impoſant la couronne, ſembloient la donner de la part de Dieu, ils prétendirent qu'ils pouvoient auſſi l'ôter, juger & dépoſer leurs Souverains. Ce ne furent plus d'humbles Paſteurs, modeſtement aſſis dans les Conciles ſur des ſtales de bois, un cierge à la main ; c'étoient de nouvelles Puiſſances , armées de la foudre , portées ſur les orages & les tempêtes qu'elles excitoient dans l'État , & qui ſe croyant le front dans les cieux, fouloient les ſceptres d'un pied ſuperbe, les rendoient ou les diſtribuoient à leur gré.

Ils déclarerent l'Empereur Lothaire déchû de ſa part dans la ſucceſſion de ſes ancêtres , & donnerent

M. de Fleuri. Hiſt. Eccleſ. diſc. 4. n. 10.

d'autorité divine à fes deux cadets les états qu'il poſſédoit en deça les monts. Ils avoient oublié qu'un frere ſe plaignant de ſon frere , & ſollicitant Jeſus-Chriſt de regler leurs partages , Jeſus - Chriſt lui répondit , *qui m'a établi pour vous juger , ou pour faire vos partages ?*

Croiroit-on que Venilon , Archevêque de Sens , eut l'audace d'excommunier & de dépoſer Charles le chauve , & devineroit-on que c'eſt un Monarque qui parle dans un écrit que ce Prince publia contre ce ſéditieux ? *Ce Prélat* , dit-il , *ne devoit pas me dépoſer avant que j'euſſe comparu devant les Evêques qui m'ont ſacré , & que j'euſſe ſubi leur jugement* (1) *auquel j'ai*

____

(1) *Quâ conſecratione vel regni ſublimitate , ſupplantari vel projici à nullo debueram ſaltem ſine audientiâ & judicio Epiſcoporum quorum miniſterio in regem ſum conſecratus , & qui Throni Dei ſunt dicti ; in qui-*

été & ferai toujours très foumis ; ils font les Thrônes de Dieu, & c'eft par eux qu'il prononce fes décrets.

Il n'étoit pas poffible qu'un Roi qui s'étoit reconnu amovible à la volonté du Clergé, qui reçut quelques années après la Couronne Impériale comme un don du S. Siége, & qui prenoit la qualité de Confeiller d'État du Pape, ne parut à la Nobleffe Françoife, le vain & ridicule phantôme d'un Empereur auquel il étoit honteux d'obéir : on refpecte la Royauté même dans un méchant Prince, fi d'ailleurs il ne l'avilit pas ; mais il répugne de fe voir foumis à des maîtres qui fe font rendus méprifables. Chaque Seigneur fous le prétexte de mettre fes terres à l'abri des

bus Deus fedet & per quos fua decernit judicia ; quorum paternis correctionibus & caftigatoriis judiciis me fubdere fui paratus & in præfenti fum fubditus. Libel adverfus Venilonem. Apud Duch. T. 2. p. 436.

courſes des Normands , ne penſa
plus qu'à ſe fortifier dans ſes Châteaux ; la plûpart des Gouverneurs
des provinces uſurperent l'hérédité
de leurs *Comtés* , que juſqu'alors ils
n'avoient eus qu'à vie , & la Maiſon de Charlemagne déclinant de
jour en jour au milieu d.s troubles
& des diviſions , ne tint plus le ſceptre que d'une main foible & tremblante.

Autre cauſe de cette décadence.

Les Francois que Pharamond con-
duiſit à la conquête des Gaules ,
étoient une colonie des peuples qui
habitoient entre le Weſer & l'Elbe , &
nos Rois de la premiere Race ſe faiſoient gloire d'être du même ſang que
les Princes qui gouvernoient les
Saxons , la nation la plus puiſſante
parmi ces peuples. Charlemagne entreprit de les ſubjuguer : cette guerre

dura plus de trente ans : terrassés sous le char du vainqueur , après les plus sanglantes batailles , ils sembloient pendant quelque temps avoir déposé leur fierté ; mais bientôt frémissant de rage à la vue de leurs fers , ils tentoient de nouveau le sort des combats. Charlemagne se laissa persuader qu'il ne pourroit jamais les façonner à son joug qu'en les forçant d'embrasser le christianisme : il déclara que *tout Saxon qui ne voudroit pas se faire baptiser, & qui mangeroit désormais de la viande en Carême, seroit puni de mort.* Ainsi ce fut le glaive à la main que l'on commença de leur annoncer un Dieu de paix ; c'étoit dans des lieux fumans encore du sang de leurs compatriotes , qu'on les obligeoit de recevoir le Baptême. Leur opiniâtreté dans le paganisme & leurs révoltes continuelles méritoient , disent quelques Historiens , tous les maux &

Capitul.
ann. 780.

les cruels traitemens qu'ils éprou-
verent. Ces Hiſtoriens croyent-ils
donc qu'il eſt aiſé de changer de religion ? Eſt-ce par la force & la
violence que Dieu veut qu'on étende
ſon culte ? Peut-on donner le nom
de rebelle au brave Vitikint qui
deffendoit ſa liberté & ſon pays ? Les
Saxons que l'on ne doit pas confon-
dre avec d'autres peuples plus proche
du Rhin qui s'étoient ſoumis à Charles Martel & à Pepin le Bref , les
Saxons , dis-je , nés libres , étoient-
ils des révoltés , étoient-ils criminels
parce qu'ils rougiſſoient de la ſervitude que leur préſentoit une Puiſſance étrangere ?

Pluſieurs familles de cette nation
malheureuſe , ſe réfugierent dans
le Dannemarck & la Norvege ; elles
y porterent , elles y répandirent la
haine & l'horreur pour la Religion
Chrétienne & pour le nom François.
On

On prétend que Charlemagne, des fenêtres d'un Château proche de la Mer, voyant une flotte (1) de ces Normands * (c'eſt ainſi qu'on les appella) qui ſe préparoit à faire une deſcente ſur nos côtes, dit les larmes aux yeux : *S'ils oſent menacer mes Etats tandis que je vis encore, que ne feront- ils point après ma mort !* Preſſentiment fatal qui ne fut que trop confirmé, lorſque les diviſions & les guerres

* Gens du Nord.

____

(1) Leurs bâtimens n'étoient conſtruits que de branches de ſaules & d'oſier qu'ils couvroient de peaux de Bœufs. ›› Les nau- ›› frages, dit Sidonius Apollinaris, auxquels ›› on eſt expoſé en tentant quelque entre- ›› priſe , paroiſſent des inconvéniens aux ›› Saxons, mais non des obſtacles. On croi- ›› roit qu'ils ont vû l'Ocean à ſec, tant la ›› connoiſſance qu'ils ont de tous ſes bancs & ›› de tous ſes écueils eſt exacte & préciſe. ›› Une tempête horrible augmente leur eſpé- ›› rance ; ils ſe félicitent en lutant contre les ›› ondes en fureur, de ce que le ciel leur ac- ›› corde un temps ſi propre à raſſurer contre ›› la crainte d'une deſcente , les pays qu'ils ›› veulent ſurprendre & ſaccager.

Lib. 8. Epiſt. 6.

Tome II.   E

civiles qui déchirerent la France fous les regnes de fon fils & de fes petits-fils , faciliterent à ces implacables ennemis les moyens de pénétrer de tous côtés dans le Royaume. Ils le ravagerent à diverfes reprifes pendant près de quatre-vingt ans : l'incendie d'une province les annonçoit dans une autre : les campagnes ne furent plus cultivées : les payfans fe tenoient cachés au milieu des forêts dans des trous qu'ils faifoient fous terre : jamais dévaftation ne fut plus terrible : il fembloit que l'arbitre des deftinées des peuples & des Rois eut dit du haut de fon thrône , Les Saxons à qui la France fit une guerre injufte & barbare , la couvriront des mêmes playes qu'elle avoit faites à leur patrie ; je rejetterai, j'éteindrai la race de Charlemagne ; fa grandeur & fon éclat auront paffé comme l'ombre , & je conduirai les defcendans de

Vitikint dans l'héritage des Princes de leur sang.

Ce généreux défenseur des restes de la Germanie, après avoir éprouvé pendant seize ou dix-sept ans que tous les efforts de son courage n'avoient servi qu'à combler les maux des peuples qu'il commandoit, s'étoit déterminé à faire hommage à Charlemagne : les conversations qu'il eut en même temps avec quelques Evêques, éclairerent son esprit : il reçut le Baptême, & vêcut depuis si chrétiennement, qu'on le mit après sa mort au nombre des Saints : il fut tué en 807 par Gerold, Duc de Suaube. *Sa postérité* , dit Pasquier, *commença* T.1.l.6.c.1. *de s'établir en France , & fut destinée pour la fin & clôture de celle de Charlemagne.* Vitikint II , son fils, qui prit au Baptême le nom de Robert, fut pere de Robert le fort *Comte d'Anjou , & Marquis de France* , bisayeul de Hugues Capet. Une ancienne charte de l'Abbaye de S. Martin de Tours porte qu'en 863, Charles le chauve donna cette Abbaye à Robert *Comte d'Anjou, de race Saxonne & fils de R.* par abréviation : les uns ont copié *Robert*, & d'autres *Richard.* L'Abbé d'Urfperg & une ancienne chronique citée par Fauchet, écrivain très exact, difent que *Robert le fort étoit fils de Vitikint.* On trouve encore que Charles le chauve donna le commandement de fon armée contre les Bretons *à Vitikint & à Robert fon fils.* Aimoin qui écrivoit fous le regne du Roi Robert, fils de Hugues Capet, affure que Robert le fort étoit de race Saxonne. *La Royauté paffa,* dit (1) un hiftorien contemporain de

---

(1) *Regnum tranflatum eft de genealogiâ Carolorum in progeniem comitum Parifien-fium qui de genere faxonum procefferunt.* Anonim. de geft. Ludovic. VIII.

Louis VIII, *de la famille Carlienne dans celle des Comtes de Paris qui étoient d'origine Saxonne.* Quelques Auteurs croyent qu'Hildegarde femme de Charlemagne & mere de Louis le debonnaire, *étoit niéce du grand Witikint.* On peut ajouter à ces autorités, qu'il n'est pas vraisemblable que les Grands du Royaume qui se déclarerent pour Eudes fils de Robert le fort, eussent osé faire la proposition de lui donner la couronne si l'on n'avoit pas connu son origine, & qu'il sortoit de la même tige que les premiers chefs qui conduisirent les François à la conquête des Gaules. Je sçais que plusieurs Historiens font descendre Robert le fort de Childebrand frere de Charles Martel & grand oncle de Charlemagne ; mais comment accorder cette opinion avec les discours des principaux de l'assemblée, & entr'autres de Foulques Archevêque de Reims, lorsqu'il fut question de l'élection d'Eudes : *ils ne pouvoient pas, disoient-ils, y consentir parce qu'il étoit étranger à la Maison de Charlemagne.*

Il semble d'ailleurs que le ciel par ses décrets sur l'une & sur l'autre postérité, ait voulu que l'on distinguât que c'étoient deux familles diférentes : celle de Robert le fort (en ne comptant pas mêmes Eudes & Robert son frere parmi nos Rois) occupe le trône de mâle en mâle depuis près de huit cens ans *, époque unique dans l'histoire des Monarchies : la postérité de Charlemagne s'éteignit en Allemagne & en Italie à la troisiéme génération, & de ses descendans qui regnerent sur la France, aucun ne mourut de mort naturelle : je suis étonné que cette remarque ait échappé à tous les historiens.

Le chagrin & l'inanition termine-

* Hugues Capet couronné en 987.

rent les jours du déplorable Louis le *Aftronom.* debonnaire dans une petite Ifle du *P. 319.* Rhin.

Charles le chauve mourut dans *Annal.* une chaumiere au pied du Mont *Bertin.* Cenis , empoifonné par le Juif Se-decias fon Medecin. Les enfans qu'il eut de fa feconde femme moururent en bas âge ; il avoit eu de la pre-miere , Louis , Charles , Lothaire , Carloman & Judith ; il avoit fait crever les yeux à Carloman ; Louis , *Le Gendre.* dit le begue, lui fucceda & fut auffi empoifonné ; Charles , Roi d'Aqui-taine , revenant un foir de la chaffe dans la forêt de Guife près de Com-piegne , voulut faire peur à un Sei-gneur nommé *Albuin* qui lui donna , ne le reconnoiffant pas , de fi furieux coups fur la tête qu'il ne put jamais en guerir. Judith fe fit enlever par le *Foreftier* de Flandres.

Louis III , fucceffeur de Louis

PaulEmile.
le begue , courant après la fille de Germond, Bourgeois de Tours, qui lui avoit paru jolie , & qui fe fauvoit dans une maifon , fe caffa les reins, emporté par fon cheval, ou voulant le faire paffer fous la porte qui étoit trop baffe.

Annal. Metenf.
Carloman II , fon frere , bleffé par mégarde à la chaffe, dans la forêt d'Iveline, par un de fes gens, mourut le feptiéme jour : il eut la générofité de dire qu'il avoit été bleffé par un fanglier, dans la crainte qu'on ne punit après fa mort, ce domeftique maladroit.

Charles le Gros avoit recueilli toute la fucceffion de Charlemagne : il fit un traité fi honteux avec les Normands, & fa puérile dévotion le rendit d'ailleurs fi méprifable, qu'on le dépofa : ce Monarque qui commandoit quelques jours auparavant à tant de millions d'hommes , fut abandonné au point qu'il ne lui resta pas un seul valet pour le servir : *il envoya demander du pain*, disent les Historiens, *à l'Archevêque de Mayence:* le batard Arnoul, son neveu, qui s'étoit fait élire à sa place, lui assigna pour sa subsistance, le village de Nidenguen où il fut étranglé secretement au bout de quelques mois.

Charles le simple trahi par Herbert, Comte de Vermandois, finit ses jours dans la douleur & le désespoir, en prison à Péronne.

Louis IV dit d'Outremer, poursuivant un loup sur le chemin de Rheims, tomba de cheval & mourut de cette chute.

Duch. p. 632. T. 2.

Lothaire & son fils Louis V, les deux derniers Rois de cette race, furent empoisonnés par leurs femmes, Princesses très-galantes, avec qui ils vivoient fort mal.

E v

Charles, Duc de la baſſe (1) Lorraine, frere de Lothaire & le dernier du ſang de Charlemagne, mourut en priſon dans la groſſe tour
d'Orléans en 993 : il laiſſa trois (2)
fils (Othon, Louis & Charles) qui
moururent jeunes & ſans enfans ; ſes
deux filles (Hermengarde & Ger-
berge) furent mariées, la premiere
avec Albert Comte de Namur, &
la ſeconde avec Lambert Comte de
Hainaut.

(1) Le Duché de la Baſſe-Lorraine comprenoit le Brabant, le Luxembourg, les pays
de Liege, de Gueldres, de Cleves, de Juliers, & autres vers les embouchûres du
Rhin, de la Meuze & de l'Eſcaut.

(2) Othon mourut en 1006, après avoir
regné environ treize ans ſur la Baſſe-Lorraine : ſes freres étoient morts avant lui,
puiſque ſes ſœurs prétendirent à ce Duché &
firent la guerre à Godefroy d'Ardenne à
qui l'Empereur l'avoit donné au deffaut de
mâles ; elles obtinrent par accommodement
des terres dans le voiſinage & une ſomme
conſidérable, payable en differens termes.

Suite des mœurs & usages sous la seconde Race.

Charlemagne se faisoit honneur d'être *franc* d'origine ; il affectoit d'être toujours vêtu à la Françoise, c'est-à-dire avec un habit court & qui lui serroit la taille ; il étoit indi-gné quand il rencontroit des François vêtus d'habits longs comme les Gaulois : *voilà nos Francs, s'écrioit-il, voilà nos hommes libres qui prenent l'ha-bit du peuple qu'ils ont soumis ; quelle honte, quel mauvais augure !*

Eginh. de vita Caroli Magni.

Aventin. l. 4. not. Scmsinckii.

Il scelloit les traités qu'il faisoit avec le pomeau de son épée où il y avoit aparemment un cachet : *je les soutiendrai, disoit-il, avec la pointe.*

Tout le monde sçait qu'il aima beaucoup les femmes, mais tout le monde ne sçait pas qu'il trouva une cruelle, Sainte Amalberge ; il la poursuivoit ; elle tomba en fuyant

E vj

de chambre en chambre , & fe caſſa un bras.

Dans un écrit où il fe rend compte à lui-même des chofes qu'il vouloit propofer au Parlement de 811 , on peut voir la difference des Eccléſiaſtiques de ce temps là à ceux de ce temps-ci. » Je demanderai, dit-il. aux » Eccléſiaſtiques ce que ſignifient ces » paroles de l'Apôtre , *nul de ceux qui* » *ſe deſtinent au ſervice de Dieu ne doit* » *ſe mêler des affaires du ſiecle.* Je veux » qu'ils m'expliquent ce qu'ils en-» tendent quand ils diſent qu'ils ont » quité le ſiecle , & ſi l'on ne doit les » diſtinguer des féculiers que parce » qu'ils ne ſont pas mariés. Je veux » ſçavoir s'ils croyent que celui-là » a véritablement quité le ſiecle qui » ne fonge qu'à augmenter ſes biens » par toutes fortes de voies : qui ne » s'étudie qu'à perſuader aux ſimples » que la béatitude éternelle dépend

Hiſt. de France par Cordemoi. T. 1. p. 640.

» du bien que l'on fait à fon Eglife :
» qui fe fert du nom facré de Dieu,
» ou de celui de quelques Saints,
» pour engager un teftateur imbecille
» à fruftrer fes héritiers légitimes, &
» les expofer par-là à devenir coupa-
» bles de tous les crimes que la pau-
» vreté fait commettre. «

J'ai dit que Charles le chauve fit crever les yeux à fon fils Carloman : Louis le debonnaire avoit fait fubir le même fupplice à fon neveu, le jeune Bernard Roi d'Italie. Les mutilations devinrent fi fréquentes, que les vaffaux dans leur ferment de fidelité, juroient *qu'ils deffendroient la perfonne de leur Seigneur & ne confentiroient point qu'on l'eftropiat d'aucune partie de fon corps.* Les Abbés au lieu d'impofer des peines canoniques à leurs Moines, leur faifoient couper une oreille, un bras, une jambe.

En 793, il y eut une grande

famine ; on avoit trouvé tous les epis de bled vuides, & l'on avoit entendu en l'air plufieurs voix de démons qui avoient déclaré qu'ils avoient dévoré la moiffon parce qu'on ne payoit pas les dixmes aux Eccléfiaftiques. Il fut ordonné qu'on les payeroit à l'avenir. Il eft fingulier que les diables s'interref-faffent fi vivement à notre Clergé.

La langue Latine étoit la langue vulgaire fous la premiere race, c'eft-à-dire la langue que tout le monde parloit. On croit qu'elle commença de n'être plus vulgaire au commencement du regne de Louis le debonnaire. Il eft certain qu'au Concile d'Arles en 851, fous le regne de Charles le chauve, il fut ordonné aux Eccléfiaftiques *de faire leurs Inftructions & Homelies en langue Romance, afin que chacun put les entendre.* La

Capitul. anno. 774. *art.* 23.

langue Romance mêlée de Franc & de mauvais Latin, eſt devenue la langue Françoiſe.

Le *Seigneur* mettoit un morceau de gazon dans la main de celui à qui il donnoit l'inveſtiture d'une terre, & qui devenoit ſon *Vaſſal*. Au Parlement ou aſſemblée générale de la nation du mois de Mai 922, la plûpart des Grands du Royaume, mécontens de Charles le ſimple, déclarerent qu'ils ne le vouloient plus pour Seigneur, *& ſignifierent qu'ils renonçoient à la foi & hommage envers lui, en rompant & jettant à terre des brins de paille qu'ils tenoient dans leurs mains.*

Il paroît qu'il y avoit dans ces temps-là un moyen d'acquérir de la réputation & de faire même quelquefois fortune en un inſtant. Les femmes accuſées d'adultere, étoient reçues à ſe juſtifier par *la preuve du duel*, c'eſt-à-dire en préſentant aux Juges un *Champion*, de condition noble, qui offroit de forcer en Champ-clos l'accufateur à fe dédire ; le vaincu, mort ou vif, étoit trainé fur la claye & pendu par les pieds ; la femme étoit juftifiée ou punie. Sous le regne de Louis le begue, la Comteffe de Gaftinois fut accufée d'avoir empoifonné fon mari ; les indices contr'elle étoient fi forts, & Gontran fon accufateur, coufin germain de ce mari, paffoit pour un guerrier fi redoutable, qu'elle fe voyoit abandonnée de tous fes parens & de tous fes amis. Ingelger âgé de dix-fept à dix-huit ans, fils de Torquat Gentilhomme Breton, fe préfenta pour foutenir qu'elle étoit innocente ; les Juges ordonnerent le combat ; il tua Gontran ; la Comteffe de l'avis & du confentement de fes Barons & Vaffaux, le fit fon héritier. L'Archevêque de Tours lui donna en

Mezerai.
T. 1. p. 584.

Oeft. An-
deg.

mariage la belle Adelinde sa niéce avec les Châteaux d'Amboise de Buzençay & de Chatillon ; il fut la tige des Comtes d'Anjou qui monterent sur le trône d'Angleterre.

Les possesseurs des Châteaux qu'on avoit bâtis de tous côtés pour arrêter les courses des *Normands*, devinrent dans la suite un fleau presqu'aussi fu este que l'avoient été ces pirates. Du haut de leurs forteresses, ils fondoient sur tout ce qui paroissoit dans la plaine , rançonnoient les voyageurs , pilloient les marchands , enlevoient les femmes si elles étoient jolies : on eut dit que le brigandage , le rapt & le viol étoient devenus des droits de Seigneur. *D'un autre côté, dit Mezerai, la vraie vaillance & la courtoisie n'étoient pas si étouffees qu'il ne se trouvât des Gentilhommes assez généreux pour faire des loix & statuts par lesquels ils s'obligeoient à courir les provinces pour attaquer & détruire*

ces petits Tiranneaux ; c'eſt ſur cela ,
ajoute-t-il , que les Romanciers ont
forgé leurs Chevaliers errans & tant de
monſtres & de geants.

Les femmes & les filles n'étoient
gueres plus en ſureté en paſſant auprès
des Abbayes , & les Moines ſoute-
noient l'aſſaut plutôt que de lacher
leur proie; s'ils ſe voyoient trop preſ-
fés , ils apportoient ſur la breche les
Reliques de quelques Saints ; alors
il arrivoit preſque toujours que les
aſſaillants ſaiſis de reſpect , ſe reti-
roient & n'oſoient pourſuivre leur
vengeance : voilà l'origine de ces
enchanteurs , de ces enchantemens &
de ces Châteaux enchantés dont il
eſt tant parlé dans ces mêmes Romanciers.

La Reine Adélaïde , veuve de
Lothaire Roi d'Italie , étoit une des
plus belles perſonnes de ſon tems.
Berenger voulant la forcer d'épouſer
ſon fils , l'aſſiégea dans Pavie , prit

cette ville, viola cette Princeſſe, & l'enferma enſuite dans le Château *de Garde*, ne lui laiſſant qu'une de ſes femmes pour la ſervir, & un Prêtre pour lui dire la Meſſe. Elle trouva le moyen de s'échapper de ſa priſon. L'Archevêque de Reggio lui avoit offert une retraite ; elle ne marchoit que de nuit à pied, ſe cachant le jour dans les bleds, tandis que ſon Aumonier alloit quêter des vivres dans les villages. Un autre Prêtre la rencontra, lui fit des propoſitions deshonnêtes qu'elle rejetta avec dignité : *Eh bien*, lui dit-il, *abandon-* T.1.p.685. *nez-moi au moins vôtre ſuivante, ſinon j'irai vous découvrir à Berenger. La Princeſſe* continue Mezerai, *obéit à la néceſſité, & la ſuivante à ſa Maî-treſſe* Un caſuite a trouvé que cette avanture donnoit matiere à un cas de conſcience qu'il a traité avec beau-coup de ſagacité.

Mœurs , ufages & coutumes fous la troifiéme Race jufqu'au regne de Louis XI.

Les François qui acheverent la conquête des Gaules , n'étoient pas en affez grand nombre pour poffeder toutes les terres : ils n'en prirent que le tiers qui fut divifé en *Terres faliques* , en *bénéfices militaires* , & en *Domaines* du *Roi.* Les *Terres faliques* étoient celles qui échurent en partage à chaque François , & qui parconféquent étoient héréditaires. On donna le nom de *Bénéfices Militaires* à des terres que l'on ne partagea point , qui demeurerent à l'État , & que les Rois devoient diftribuer pour récompenfes viageres à ceux qui en méritoient par leurs actions ou par l'ancienneté de leurs fervices. On appella *Domaines du Roi* les parts confidérables qu'eut le *Chef* dans le partage général. Ces *Domaines* difperfés dans le Royaume, montoient à plus de cent foixante, & compofoient le principal revenu de nos Rois de la premiere & de la feconde Race : ce n'étoient point des maifons de plaifance avec de vaftes jardins embellis par l'art ; c'étoient de bonnes métairies, ordinairement au milieu des forêts ; on y tenoit des haras ; on y nourifloit des bœufs, des vaches, des moutons, de la volaille ; le Roi voyageoit toute l'année de l'une à l'autre ; on peut dire qu'il vivoit fur fes terres, & l'on vendoit à fon profit les provifions qu'il n'avoit pas confommées ; Charlemagne dans un de fes capitulaires ordonne de vendre les poulets des baffes-cours de fes domaines, & les legumes de fes jardins : tel financier à qui il en coute aujourd'hui aumoins dix mille écus par an pour les potagers de fa maifon de

Capital. de Villis. art. 39.

campagne , fe trouveroit offenfé fi l'on difoit qu'il envoye au marché le furplus de ce qu'il lui faut de legumes pour fa table & celle de fes gens.

Les François pour avoir des hommes qui cultivaffent les terres dont ils s'emparerent , ne furent point obligés de réduire en fervitude une partie des vaincus : chez les Romains , & depuis fous la premiere, la feconde & la troifiéme Race jufqu'à l'affranchiffement des ferfs , ce qu'on appelloit une terre ou metairie n'étoit pas feulement une certaine quantité d'arpens & quelques bâtimens ; c'étoit encore les beftiaux & les efclaves qui la mettoient en valeur.

Les *Ducs* , les *Comtes* , les *Vicaires* & les *Centeniers* ou *Thungins* adminiftroient les finances , rendoient la juftice dans les provinces, y convo-

quoient (1) ceux qui devoient faire
la campagne , les affembloient & les
conduifoient au rendez vous général :
il y avoit auffi des terres attachées à
ces grandes & petites Magiftratures.
Les Juges étoient tous militaires :
la Loi Salique leur ordonnoit de
paffer leur bouclier à leur bras quand
ils prononçoient un jugement.

Vers la fin du regne de Charles
le chauve , les *Comtes* & les *Ducs*
profitant des troubles du Royaume,
commencerent à convertir leurs titres
& leurs commiffions qui n'étoient au
plus qu'à vie , en dignités héréditaires dans leurs familles ; ils fe
firent Seigneurs propriétaires des
Provinces & des Villes dont l'adminiftration ne leur avoit été confiée

____

(1) Si l'on n'arrivoit pas à l'armée au jour
marqué , on étoit condamné a faire abfti-
nence de vin & de viande pendant autant
de temps qu'on avoit manqué à fon fervice.

que pour un temps. Leur exemple fut bientôt imité par la plûpart de ceux qui se trouverent revêtus de Magistratures moins considérables ou de *Bénéfices Militaires*, & le besoin qu'ils crurent avoir les uns des autres pour se soutenir dans leurs usurpations, fut l'origine, à ce que croyent la plûpart des Legistes, des fiefs (1) & arriere-fiefs, c'est-à-dire de cette convention par laque le celui qui ne s'étoit aproprié qu'un bourg ou une ville faisoit serment à celui qui s'étoit emparé de toute une province, de le reconnoître pour son *Seigneur*, & de deffendre sa personne & ses biens, à condition que de son côté il le protégeroit, le deffendroit, & ne lui dénieroit jamais justice.

Il

_____

(1) Le mot *fief* derive du mot latin *fœdus* (alliance) parce que le *Seigneur* & le *vassal* se lioient l'un & l'autre par l'acte d'inféodation.

Il s'en falloit beaucoup que les deux derniers Rois de la seconde Race, fuſſent les plus riches Seigneurs de leur Royaume; il ne leur reſtoit pour tout domaine que les villes de Lâon, de Soiſſons & de Compiegne. Par l'avénement de Hugues Capet au Thrône, la couronne fut enrichie du Comté de Paris, & du Duché (1) de France dont ſes ancêtres s'étoient auſſi rendus Seigneurs propriétaires. Il confirma les grands & petits vaſſaux dans la poſſeſſion &

---

(1) Robert le fort fut tué dans un combat contre les Normans en 867, dans le village de Brillerte en Anjou: Charles le chauve lui avoit donné, en 863, le *Duché de France*. Ce Duché ou Gouvernement, outre des territoires conſidérables en Picardie & en Champagne, comprenoit la Ville & Comté de Paris, l'Orleannois, le pays Chartrain, le Perche, le Comté de Blois, la Touraine & une partie de l'Anjou & du Maine; ainſi les Comtes & Seigneurs particuliers de ces differens pays relevoient du Duché de France.

Tome II. F

hérédité de leurs fiefs , c'eſt à-dire qu'il leur laiſſa les villes , terres , charges & provinces qu'ils avoient uſurpées : les grands vaſſaux étoient le Duc de Bourgogne , le Duc de Normandie , le Comte de Flandres , le Comte de Champagne , le Duc d'Aquitaine & de Gaſcogne , le Comte de Touloufe & le Comte (1) de Barcelone ; ces provinces chan_ gées en fiefs ſont redevenuës provin- ces , étant réverſibles à la couronne par félonie ou au deffaut d'héritiers.

Chacun de ces grands vaſſaux avoit tous les droits de la ſouverai- neté dans ſon fief , & lorſqu'il étoit

---

(1) On voit dans les chartes recueillies par **M.** de Marca , que depuis Charles le chauve juſqu'à la ſeiziéme année du regne de Philippe Auguſte , les Comtes de Barce- lone continuerent de datter les actes par les années du regne de nos Rois : preuve qu'ils les reconnoiſſoient pour leurs ſouverains.

attaqué ou lézé, ses vassaux-liges (1) étoient obligés de le suivre à la guerre, même contre le Roi (2). S'il étoit vaincu, & si les Pairs & autres Grands du Royaume assemblés en Parlement, jugeoient qu'il y avoit félonie de sa part, c'est-à-dire qu'il n'avoit pas eu de raisons légitimes pour prendre les armes, le Roi étoit le maître de confisquer son fief, mais on ne pouvoit le condamner à mort : l'usage d'acquerir la noblesse par une charge, ou à prix

_____

(1) Les Seigneurs en cedant de leurs terres ou de celles qu'ils avoient usurpées, firent des conventions plus ou moins onéreuses pour ceux à qui ils les fiefferent : le *vassal-lige* étoit obligé de servir le *Seigneur* en personne envers & contre tous ; au lieu que le *vassal libre* pouvoit mettre un homme à sa place, & n'étoit astreint à secourir le *Seigneur* qu'en certains cas.

(2) Le Roi veut bien encore aujourd'hui permettre qu'on plaide contre lui; c'étoit la façon de plaider de ce temps-là.

F ij

d'argent, ne s'étant pas encore introduit, le sang de tout noble sembloit
si sacré, qu'on ne pouvoit le répandre
que pour crime de trahison : les premieres Lettres d'anoblissement sont
de l'année 1271 , sous le regne de
Philippe le hardi fils de S. Louis.

On distinguoit entre guerre du
Roi & guerre de l'État , & parconséquent les forces du Roi & celles de
l'État étoient bien différentes : on
apelloit *guerres du Roi* celles qu'il
avoit avec les grands ou petits vassaux & pour lesquelles il ne pouvoit
convoquer que les hommes de ses
terres & les vassaux-liges de *ses Seigneuries.* Il en couta trois années de
guerre à Louis le gros pour soumet-

tre Bouchard de * Montmorenci &
deux ou trois autres *Seigneurs* à dix ou
douze lieues de Paris : au lieu que
ce même Prince se vit à la tête de
plus de deux cent mille hommes ,

lorsqu'il fut question de marcher contre l'Empereur Henri V qui s'avançoit vers Rheims & qui s'enfuit avec
tant d'épouvante & de précipitation,
qu'il ne s'arrêta qu'après avoir re-
passé la Mozelle & le Rhin. Le Roi
d'Angleterre qui étoit en même-
temps Duc de Normandie, avoit
suscité cette irruption des Allemans :
Louis le gros tâcha d'engager les
Seigneurs & les Barons à le suivre
pour conquerir la Normandie ; mais
chacun s'excusa & s'en retourna avec
le contingent qu'il avoit amené ;
nous sommes venus, disoient-ils,
pour défendre la patrie commune
menacée par une puissance étrangere,
mais nous ne sommes pas obligés de
concourir à dépouiller le Duc de
Normandie, vassal de la couronne, &
parconséquent un des membres de la
Monarchie. Leur politique ordinaire
étoit de souhaiter que l'Etat fut

puiſſant, mais que le Roi ne le fut pas aſſez pour les abaiſſer & les humilier.

' *Eſprit des Loix. T. 2. p.* 414.

C'eſt un beau ſpectacle dit M. de Monteſquieu, *que celui des loix féodales. Un chêne* (1) *antique s'éleve ; l'œil en voit de loin les feuillages ; il en approche, il en voit la tige ; mais il n'en aperçoit pas les racines ; il faut percer la terre pour les trouver.* Pour moi je dirois, le gouvernement féodal

(1) Quelques Auteurs que M. de Monteſquieu a ſuivi ſans réflexion, prétendent que les *Bénéfices Militaires* ſe donnoient à condition d'être toujours prêt à marcher en guerre ; que parconſéquent c'étoient des *fiefs*, & qu'ainſi l'origine des *fiefs* eſt auſſi ancienne que la Monarchie : ces Auteurs ſe trompent, puiſqu'il n'eſt pas douteux que tout François, dès qu'il avoit atteint un certain âge, étoit obligé de ſervir, & qu'il n'étoit donc pas naturel que l'on gratifiât quelqu'un à condition qu'il rempliroit un devoir indiſpenſable & preſcrit par la regle générale. On n'obtenoit les Bénéfices Militaires, comme je l'ai dit, qu'en récompenſe de l'ancienneté de ſes ſervices.

dégénere presque toujours en Anar-
chie ; un chêne antique (*la Royauté*)
s'affoiblit ; ses grosses branches (*les
grands vassaux*) lui enlevent la séve
& la substance ; c'étoit un beau spectacle que celui de l'état de la nation
depuis Clovis jusqu'au regne de
Charles le chauve ; un François n'é-
toit vassal que de la patrie ; il ne
reconnoissoit aucune puissance entre
le Thrône & lui ; ses chefs n'étoient
que ses égaux ; & lorsqu'il marchoit
sous eux ce n'étoit jamais qu'à la
voix de son Roi. Depuis Charles le
chauve jusqu'au regne de Louis XI,
ce fut un triste spectacle que la
France divisée sous plusieurs petits
Souverains qui s'unissoient sans cesse
contre l'autorité Royale , & qui
souvent s'allioient avec l'Anglois.

L'esprit d'indépendance étoit général ; chacun s'arrogeoit *le droit de
guerre ;* une ville s'armoit contre une

F iv

ville , une paroiſſe contre une paroiſſe , une Abbaye contre une Abbaye , une famille contre une famille :
les parens au-delà du quatriéme degré , n'étoient pas obligés de prendre parti , mais ils. le pouvoient
comme amis ou comme alliés. On
tâchoit de temps en temps d'apor-
ter quelques remedes à ces déſordres ;
on avoit deffendu de commettre aucun
acte d'hoſtilité aux temps de l'Avant,
de Noel , du Carême , de Pâques &
de la Pentecôte , comme auſſi d'attendre ſon ennemi auprès des Egliſes , de l'attaquer en allant à la Meſſe ,
& depuis le Jeudi au ſoir juſqu'au
point du jour du Lundi. Philippe le
Bel , en 1311 , voulut abolir entierement ces guerres particulieres : la
Nobleſſe pour ſoutenir ce qu'elle
regardoit comme un de ſes priviléy
ges , ſe révolta , & Louis Hutin
ſon ſucceſſeur, fut obligé , en 1315 ,

de les permettre , quand on seroit en paix avec les puissances étrangeres. On lit dans le cahier des remontrances de la province de Picardie , art. VI, *demandent les Nobles qu'ils puissent user des armes quand il leur plaira comme par le passé , & qu'ils puissent guerroyer & contregagner.* » Accordé par le Roi » le droit des armes & de guerre, » comme il en a été usé au temps » passé. « art. XXV. » Le Roi ac- » corde aussi le duel & gage de » bataille en cas de crime qui ne » pourra être prouvé par témoins. » Louis le jeune , en 1.168 , avoit or- donné que pour une dette qui n'ex- cederoit pas cinq sols , le duel ne pourroit avoir lieu ; Philippe le Bel le deffendit en toute matiere civile.

J'ai connu un homme à paradoxe qui avoit la folie de soutenir qu'il se commettoit moins d'injustices , & qu'on étoit plus sur de ce qu'on poſſédoit dans ce temps-là que dans celui-ci ; il prétendoit que les gens de robbe & les Eccléſiaſtiques, n'ayant point une épée à leur côté, ſont moins polis entr'eux que les militaires ; qu'on n'enverroit pas ſi légérement un exploit ſi chacun pouvoit encore demander à vuider le procès en champclos, & que d'ailleurs tous les parens d'un homme qui vouloit empieter ſur ſon voiſin, étoient intereſſés à l'en détourner, parce que les deux familles étoient obligées de prendre parti dans ces petites guerres : je conviens, ajoutoit-il, qu'on arrachoit les vignes, qu'on bruloit les granges, les moiſſons les uns des autres, & qu'on étoit quelquefois expoſé à voir tuer ſes enfans, au lieu qu'aujourd'hui ils ne ſont du moins réduits qu'à la mendicité, lorſque leur pere a été ruiné par les manœuvres d'un Procureur, d'un Sécrétaire, ou par l'avarice d'un Rapporteur qui a acheté le droit de juger, & de faire essuyer aux parties ses lenteurs, ses caprices & sa morgue.

Suite des mœurs, usages & coutumes jusqu'au regne de Louis XI.

Il paroît que le haut Clergé de ce temps-là avoit comme celui de ce temps-ci, la vertu de continence; il n'en étoit pas de même des Chanoines & des Curés; la plûpart se marioient & se flattoient d'éblouir par de spécieux raisonnemens, la politique du Monarque & des Seigneurs; il sembloit à les entendre, qu'il falloit le mariage pour faire d'un Ecclésiastique un Citoyen, & pour l'attacher à l'État; que l'espérance d'obtenir des graces & de la protection pour ses enfans, le rendoit moins entreprenant, moins hardi, plus humble, plus circonſpect envers les Magiſtrats, & que la Cour de Rome n'avoit imaginé de condamner les Prêtres au célibat que pour former dans chaque Royaume un corps à part, toujours prêt à s'élever contre la Puiſſance temporelle, & à ne reconnoître que le Pape pour Souverain. De pareils diſcours ne pouvoient qu'irriter encore plus le Saint Siege & ſes Légats : le Pape Calixte II, dans le Concile de Rheims de l'année 1119, excommun'a tous les Eccléſiaſtiques mariés, les priva de leurs bénéfices, deffendit d'entendre leur Meſſe, déclara leurs enfans batards, & crut devoir porter la rigueur contre ces êtres innocens, juſqu'à les livrer en proie à l'avarice des Seigneurs : il permit de les réduire en ſervitude, & de les vendre. Il me ſemble qu'on feroit une hiſtoire fort curieuſe des differentes révolutions dans la façon de penſer des hommes ſur les choſes les plus ſimples & les plus naturelles. Les loix de Moïſe , ſelon tous les Rabbins , retranchoient de la Congrégation d'Iſrael ceux qui ne ſe marioient pas à un certain âge : les loix Romaines ne les recevoient ni à teſter ni à rendre témoignage : *avez-vous une femme ?* C'étoit la premiere queſtion que faiſoit le Cenſeur lorſqu'on ſe préſentoit pour prêter ſerment. Les gladiateurs , les athlettes, les muſiciens , les danſeurs & les teinturiers en po. rpre & autres couleurs vives , parce qu'ordinairement ils n'avoient point de femmes , étoient regardés avec une eſpece d'horreur par les Théologiens du paganiſme : *Vous craignez d'affoiblir , leur diſoient-ils, vos forces , votre agilité , votre voix ou votre vüe , & vous perdez votre ame ; c'eſt avoir trahi la nature que de ſortir de ce monde ſans avoir tâché d'y laiſſer*

Cicero. de Legibus.

des enfans ; vous êtes des impies que les démons attendent pour leur faire souffrir les peines les plus cruelles au fond des enfers. Les Loix de Lycurgue n'étoient pas moins rigoureuses contre ceux qui s'obstinoient à vivre dans le célibat ; elles les excluoient des emplois civils & militaires ; ils étoient même exposés tous les ans à une petite cérémonie assez désagréable ; les femmes de Lacedemone alloient les prendre chez eux le premier jour du printemps, les conduisoient au Temple de Junon en les accablant de plaisanteries, & leur donnoient le fouet au pied de la Statue de cette Déesse.

L'excommunication contre les Ecclésiastiques mariés fut plus efficace que celle que prononça l'année suivante l'Evêque de Lâon contre les Chenilles & les Mulots qui faisoient beaucoup de tort à la récolte. Croiroit-on que sous le regne de François I, on donnoit encore un Avocat à ces insectes, & qu'on plaidoit contradictoirement leur cause & celle des fermiers ? J'en pourrois citer plusieurs exemples ; je ne rapporterai que cette sentence de l'Official de Troyes en Champagne, du 9 Juillet 1516 : *parties ouies, faisant droit sur la requête des habitans de Villenoce, admonestons les Chenilles de se retirer dans six jours, & à faute de ce faire, les déclarons maudites & excommuniées.*

Les excommunications ont été en usage chez presque tous les peuples. Les Atlantes incommodés par l'excessive chaleur du soleil, payoient un Prêtre pour l'excommunier tous les matins. Etre chassé de la Sinagogue, étoit la plus grande peine chez les Juifs. Cesar en parlant des Gaulois, dit que les Druides jugeoient tous les procès ; qu'ils interdisoient les facrifices à quiconque refufoit de fe foumettre à leurs fentences ; que ceux qui avoient été interdits, étoient réputés impies & fcélérats ; qu'ils n'étoient plus reçus à plaider ni à témoigner en juftice, & que tout le monde les fuyoit (1) dans la crainte que leur abord & leur entretien ne portaffent malheur. On lit dans Plutarque que la Prêtreffe *Theano* preffée par le Senat d'Athenes de prononcer des malédictions contre Alcibiade qu'on accufoit d'avoir mutilé la nuit, en fortant d'une débauche, des Statues de Mercure, s'excufa en difant *qu'elle étoit Miniftre des Dieux pour prier & bénir, & non pour déteft er & maudire.* Philippe Augufte ayant voulû répudier Ingelburge pour époufer Agnès de Meranie, le Pape mit

In alcib.
vitâ.

---

(1) *Ne quid ex contagione incommodi accipiant.*

le Royaume en interdit ; les Eglifes furent fermées pendant près de huit mois ; on ne difoit plus ni Meffes ni Vêpres ; on ne marioit point ; *les œuvres du mariage étoient même illicites* : parce que le Roi ne vouloit plus coucher avec fa femme , il n'étoit pas permis à aucun de fes fujets de coucher avec la fienne , & la génération ordinaire dut manquer en France cette année là. Un homme en *pénitence publique* étoit fufpendu de toutes fonctions civiles , militaires & matrimoniales ; il ne devoit ni fe faire faire les cheveux , ni fe faire faire la barbe , ni aller aux bains , ni même changer de linge ; cela faifoit à la longue un vilain pénitent. Le bon Roi Robert encourut les cenfures de l'Eglife pour avoir époufé fa coufine ; il ne refta que deux domeftiques auprès de lui ; ils faifoient paffer par le feu tout ce qu'il avoit touché. En un mot l'horreur pour un excommunié étoit telle qu'une *fille de joie* avec qui *Eudes le Pelletier* avoit paſſé quelques momens , ayant appris quelques jours après qu'il étoit excommunié depuis ſix mois , fut ſi ſaiſie qu'elle tomba dans des convulſions qui firent craindre pour ſa vie : elle en guérit par l'interceſ- ſion d'un ſaint Diacre.

Si l'on avoit quelques intérêts ci- vils à démêler avec des Eccléſiaſti- ques ; ſi on les appelloit devant le Juge ſeculier , ils excommunioient auſſitôt & leur partie & le Juge ſecu- lier qui oſoit les citer à ſon tribunal ; ils prêchoient en même-temps qu'il étoit permis de piller les biens d'un excommunié juſqu'à ce qu'il fut ab- ſous, & cette abſolution ne ſe donnoit pas à bon marché. Ces attentats con- tre la ſociété étoient d'autant plus crians , que le Clergé prétendoit que l'autorité Royale devoit tenir la main à l'exécution de ses censures, tandis qu'il ne vouloit pas que le Roi fît examiner si elles avoient été justement & légitimement prononcées : Joinville raporte *que les Prélats de France représenterent à S. Louis qu'il laissoit perdre la chrétienté ; Eh comment cela , dit ce grand Roi ? Parce que personne , dirent-ils , ne se soucie plus d'être absous des excommunications ; ainsi commandez , Sire , à vos Juges de contraindre tout homme qui sera excommunié à se faire absoudre dans l'an & jour. Volontiers, répondit S. Louis , pourvû que les Juges trouvent l'excommunication juste. Les Evêques répliquerent qu'il n'apartenoit pas aux Laïques de connoître de la justice ou de l'injustice de leurs censures. S. Louis répliqua qu'il ne l'ordonneroit jamais autrement , parce qu'il croiroit en cela faire lui-même une grande injustice.*

Les Serfs.

On pourra juger de l'état des Serfs en France, par cette charte : *Qu'il soit notoire à tous ceux qui ces présentes verront, que Nous Guillaume, Evêque indigne de Paris, consentons qu'Odeline fille de Radulphe Gaudin, du Village de* (1) *Cerés, femme de corps de notre Eglise, épouse Bertrand fils de défunt Hugon, du Village de Verrieres, homme de corps de l'Abbaye de S. Germain des Prez ; à condition que les enfans qui naîtront dudit mariage seront partagés entre nous & ladite Abbaye ; & que si ladite Odeline vient à mourir sans enfans tous ses biens mobiliers & immobiliers nous reviendront ; de même que*

____

(1) Vuissous, *Villa Cereris*, village où il y avoit eu anciennement un Temple de Cerés ; ce village est à trois lieues de Paris, du côté d'Antoni.

tous les biens mobiliers & immobiliers dudit Bertrand retourneront à ladite Abbaye, s'il meurt sans enfans. Donné l'an douze cent quarente-deux.

Comme parmi les enfans, il y en a de mieux constitués, de mieux faits, ou qui ont plus d'esprit les uns que les autres, les Seigneurs les tiroient au sort. S'il n'y avoit qu'un enfant, il étoit à la mere, & par conséquent à son Seigneur ; s'il y en avoit trois, elle en avoit deux, & s'il y en avoit cinq, elle en avoit trois, &c. *Ces serfs,* * *ces hommes de corps, ces gens de poeste,* c'est ainsi qu'on les appelloit, composoient les deux tiers & demi des habitans du Royaume ; ils ne pouvoient disposer d'eux, se marier hors de la terre de leur Seigneur, ni en sortir sans sa permission ; il étoit le maître de les donner, de les vendre, de les échanger, & de les revendiquer partout, même s'ils

* *Gentes de corpore & potestatis.*

s'étoient avisés de se faire d'Eglise. En 858, l'Abbé de Saint Denis fut Annal. bened. T. 3. l. 35. num. 33. pris par les Normans ; on donna pour sa rançon six cent quatre - vingt-cinq livres d'or , trois mille deux cent-cinquante livres d'argent , des chevaux , des bœufs *& plusieurs serfs de son Abbaye , avec leurs femmes & leurs enfans.* Un pauvre Gentilhomme se présenta un jour avec deux filles qu'il avoit , devant Henri surnommé *le large* , Comte de Champagne , & le pria de vouloir bien lui donner de Mezerai. T.2.p.230. quoi les marier : Artaud Intendant de ce Prince , devenu riche , arrogant & dur comme tout Intendant , repoussa ce Gentilhomme , en lui disant que son Maître avoit tant donné qu'il n'avoit plus rien à donner : *Tu as menti , vilain* , dit le Comte , *je ne t'ai pas encore donné ; tu es à moi ; prenez-le* , ajouta-t-il en s'adressant

au Gentilhomme,, *je vous le donne, &*
je vous le garentirai. Le Gentilhomme
empoigna ſon Artaud, l'emmena, &
ne le lâcha point qu'il ne lui eut
payé cinq cent livres pour le mariage
de ſes deux filles.

Les Serfs d'une même terre, obligés de ſe marier entr'eux, devoient
être plus portés à ſe ſoulager dans
leurs maladies, & pendant les in-
firmités de la vieilleſſe : ne pouvant
point ſortir de cette terre, on ne
voyoit preſque pas alors en France
de vagabons ni de fainéans ; d'ailleurs ils étoient excités au travail
par le déſir d'augmenter leur (1)
pécule, & par l'eſpérance de pouvoir un jour s'affranchir. Les hom-

______

(1) Le *pécule* eſt le bien que celui qui eſt en
puiſſance d'un autre, a acquis par ſon indu-
ſtrie, ſon travail & ſon épargne, & dont il
lui eſt permis de diſpoſer.

mes libres, les affranchis & les serfs qui demeuroient dans les Villes cultivoient les arts, les sciences, faisoient le commerce, ou travailloient aux Manufactures.

Louis le Gros est le premier de nos Rois qui commença à affranchir les Serfs dans les Villes & gros Bourgs de son Domaine, c'est-à-dire, qu'ils cesserent d'être * *attachés* aux lieux où ils étoient nés, & qu'il leur fut permis de s'établir à l'avenir où bon leur sembleroit. Peu à peu la plûpart des Seigneurs pour se mettre en équipage pendant la fureur des Croisades, ou ruinés par ces guerres d'Outremer, affranchirent aussi leurs Sujets moyennant de grosses sommes qu'ils en tirerent. La liberté, si l'on en croit quelques Historiens, ne servit qu'à dégoûter du travail & qu'à rendre insolens, vagabons, fainéans & pillards la plûpart

** Addicti gleba.*

plûpart de ces nouveaux affranchis.

Ce fut dans ces temps-là que les quatre Ordres des Mandians, (les Dominicains, les Cordeliers, les Carmes & les Auguſtins) commencerent à ſe former & à s'établir.

LES MARIAGES.

Le déſir de ſe marier & d'avoir des enfans ſembloit aparemment moins honnête que celui de tuer un homme. On a vû (page 215 de ces Eſſais) que dans les maiſons des Evêques, des Abbés, dans les cloîtres des chapitres de Notre-Dame, de S. Merri & autres, il y avoit une cour deſtinée pour les duels ; ils les permettoient même entre couſins germains, tandis qu'ils anathématiſoient & caſſoient les mariages entre parens, non-ſeulement au quatriéme,

Le vrai Théâtre d'honneur. Par la Colombiere. p. 204.

mais même au feptiéme degré. On donnoit l'abfolution & la communion à deux hommes qui avoient demandé le duel & qui alloient fe battre, tandis qu'un mari & fa femme ne devoient aprocher des Sacremens qu'après s'être abftenus du devoir conjugal, au moins pendant huit jours. Les Evêques, Abbés & autres Seigneurs Eccléfiaftiques affranchiffoient le Champion qui s'étoit battu trois fois pour eux avec fuccès, c'eft-à-dire qui avoit tué ou affommé trois hommes, tandis que dans leurs fermons ils tâchoient de noter d'infamie ceux & celles qui fe remarioient en troifiémes nôces. Un Prêtre, au mariage de fon frere, ayant porté fur fa manche de petites livrées ou rubans de nôces, fut interdit pour fix mois par fon Evêque, tandis qu'au duel de Jarnac & de la Chataigneraie, on diftinguoit les parens & amis de l'un ou de l'autre , Laïques & Ecclésiasti- ques , à leurs cocardes & rubans de couleurs différentes ; les couleurs de Jarnac étoient blanc & noir ; celles de la Chataigneraie , gris & bleu.

La défense de se marier entre pa- rens jusqu'au septiéme degré , devoit être extrêmement embarassante , s'il est vrai que par la regle des multi- plications redoublées , on trouve que trente-deux mille personn s ont contribué à la naissance d'une seule , en remontant seulement au quinziéme degré de sa généalogie.

Louis XIV persuadé que la force & les avantages d'une monarchie , consistent dans la muititude des su- jets , assigna , en 1666 , deux mille francs de pension , des deniers pu- blics , aux nobles qui auroient douze enfans qui ne se feroient point faits

Religieux ou Religieuses ; & à l'é-
gard des roturiers qui auroient le
même nombre d'enfans qui ne se se-
roient point aussi faits Religieux ou
Religieuses, il ordonna qu'ils joui-
roient de l'exemption de toutes Tail-
les, Impôts & Logemens de gens
de guerre. Une ordonnance si sage
n'a point été exécutée ; on n'exécute
point aussi celles qu'ont tant de fois
renouvellées nos Rois, sous la premiere, la seconde & la troisiéme ra-
ces, *de ne point recevoir de Religieux &*
de Religieuses avant l'âge de vingt-cinq
ans. Cela fache tout bon citoyen ;
mais en France, dès qu'il veut examiner & reflechir, il doit souvent
s'atendre à se facher & à rire ; par
exemple, n'est-il pas plaisant de
voir des Communautés Religieuses
se nourir précisément comme si elles
étoient destinées dans l'état pour la

population ? Il n'eſt pas douteux que la ſubſtance huileuſe du poiſſon y eſt plus propre que celle des viandes, & que dans une iſle où l'on ne ſe nouriroit que de poiſſon, il naîtroit un neuviéme de plus d'enfans, que dans une iſle où l'on ne mangeroit que de la viande.

Je finirai cet article ſur les mariages par une reflexion qui ne doit pas y paroître étrangere. Pourquoi s'eſt-on accoutumé à mépriſer un cocu, quoiqu'il n'y ait pas de ſa faute ? Je crois en avoir trouvé la raiſon ; c'eſt que le cas indiquoit particulierement un homme d'une condition ſervile, atendu que pluſieurs Seigneurs, entr'autres les Chanoines de la Cathédrale de Lion, prétendoient qu'ils avoient le droit de coucher la premiere nuit des nôces avec les épouſées de leurs *Serfs* ou *hommes de corps.*

Camil'us Borellus. Biblioth. Germ. T. 1.

Les Anoblissemens.

Les guerres civiles entre les fils de Louis le debonnaire, furent très-sanglantes; on prétend qu'à la seule bataille de Fontenai, en 841, il y eut près de cent mille François tués, & qu'il y périt plus des deux tiers de la noblesse de Champagne; que Charles le chauve pour réparer en quelque sorte cette perte, accorda aux *filles nobles* de cette Province qui épouseroient des roturiers, le privilége d'anoblir leurs maris. *Ceux là sont tenus nobles*, dit l'ancienne coutume de Champagne & de Brie, *qui sont issus de pere ou de mere noble.* Cette noblesse que la mere transferoit à ses descendans, ne commença d'être attaquée qu'en 1566; le Procureur du Roi de la Cour des Aides de Paris, prétendit que cette coutume avoit été

tolerée par néceſſité & pour remplir
le pays de nobleſſe ; que la cauſe étant
ceſſée, l'effet devoit auſſi ceſſer.

Je ne connois point de titre d'ano-
bliſſement plus flateur & plus beau que
celui que produiſirent, à la réforma-
tion, les deſcendans d'Anne Muſnier.
Trois hommes, dans une allée du jardin du Comte de Champagne, en at-
tendant ſon lever, s'entretenoient du
complot qu'ils avoient fait de l'aſſaſſiner : Anne Muſnier, cachée derriere
un arbre, avoit entendu une partie
de leurs converſation : voyant qu'ils
ſortoient, emportée par l'horreur d'un
attentat contre ſon Prince, ou craignant
de n'avoir pas le tems d'avertir, elle
cria de l'autre bout de l'allée, en leur
faiſant ſigne qu'elle vouloit leur parler : un d'eux s'avança : elle le fit tomber à ſes pieds d'un coup de couteau
de cuiſine, ſe deffendit contre les deux

autres & reçut plufieurs bleffures : il vint du monde ; on trouva fur ces fcélérats des indices de leur confpiration ; ils l'avouerent dans les tortures & furent écartelés ; Anne Muffnier , Gerard de Langres fon mari, & leurs defcendans furent anoblis.

On voit dans une information du 1 Décembre 1446 , que pour prouver la nobleffe de Perrette Bureau, mariée à Jean le Gras , on foutint *qu'elle avoit été portée à l'Eglife , fur une civiere avec un fagot d'épines & de geniévre, ainfi que d'ancienneté on a accoutumé de faire aux gentilshommes & aux gentilzfemmes , & ce qui ne fe fait pas pour ceux & celles qui ne font pas nobles , lefquels ne font point portés le jour ni le lendemain de leurs nôces , fur une civiere avec le fagot d'épines & de geniévre.*

Traité de la Nobleffe par de la Roque. p. 165.

LES ARMOIRIES.

Aux écus & armoiries des gentilshommes , dit Agrippa , il ne seroit pas convenable de voir une poule , une oye , un canard , un veau , une brebis , ou autre animal benin & utile à la vie ; il faut que les marques & enseignes de la noblesse tiennent de quelque bête feroce & carnassiere.

De vanitate scientiar. c. 81.

Tous les peuples ont eu des symboles , figures ou enseignes nationales. Les Athéniens, une chouette ; les Thraces , une mort ; les Celtes , une epée ; les Romains , un aigle ; les Carthaginois , une tête de cheval ; les Saxons, un coursier bondissant ; les premiers François , un lion ; les Gots , une ourse. Chez les Romains , chaque légion avoit son symbole particulier : la foudroyante , la * dragonaire , ainsi nommées parceque les soldats de l'une avoient un foudre sur leurs boucliers,

* *Draconarii.*

G v

& les soldats de l'autre, un dragon. Le chef des Druides avoit des clefs pour symbole.

Religion desGaulois. T.1.p.215.

Tacite dit que les Germains portoient à la guerre des drapeaux & des figures qui étoient en dépôt pendant la paix dans les bois sacrés. Nos Rois alloient prendre de même la chape de S. Martin sur son tombeau, & * l'Oriflamme dans l'Eglise de S. Denis, & les reportoient lorsque la guerre étoit finie.

De Morib. Germ. c. 7.

* C'étoit la banniere de cette Abbaye.

» Que nos intendans, dit Charles » le chauve dans ses capitulaires, ayent » soin que chaque Evêque, chaque » Abbé & chaque Abbesse fassent mar- » cher leurs vassaux avec tout l'équi- » page de guerre, & avec leur * porte- » enseigne ». Sous Louis le gros, il fut ordonné que les Villes & gros Bourgs leveroient des troupes de Bourgeois pour les faire marcher à

* *Guntfa- nonarius.*

l'armée par Paroisses, les Curés à leur tête avec la banniere de leurs Eglises.

Outre la chape de S. Martin & la banniere de S. Denis, il y avoit encore l'Étendart Royal ; mais les figures, emblêmes ou devises de cet Étendart, n'étoient point fixes ; chaque Roi les changeoit, en imaginoit de nouvelles & souvent très différentes de celles de son prédécesseur. *Que voit-on*, dit le Gendre, *sur les sceaux de nos anciens Rois? Leurs portraits, des portes d'Eglise, des Croix, des têtes de Saints.* Il est certain que ni en pierre, ni en métal, ni sur les médailles, ni sur les sceaux, on ne trouve aucun vestige véritable de fleurs de lys avant Louis le jeune ; c'est sous son regne, vers 1147, que l'écu de France commença d'en être semé, & que les armoiries que prirent les Princes, Barons & Gentilshommes pour la

Mœurs des François. p. 89.

G vj

feconde Croifade, commencerent auffi à devenir fixes, héréditaires & des marques & diftinctions particulieres à leurs familles.

Tous les Hiftoriens raportent qu'en 1085, Robert fils aîné de Guillaume le conquérant, s'étant révolté contre fon pere, lui porta dans un combat un fi furieux coup de lance qu'il le défarçonna ; qu'à certains mots que profera Guillaume en tombant, Robert l'ayant reconnu, fe jetta à terre, lui demanda pardon les larmes aux yeux, & l'aida à fe relever. Ce fait prouve qu'alors les armoiries n'étoient point encore fixes & héréditaires ; car dès qu'elles commencerent à être regardées comme telles, on affecta de les mettre & de les rendre très aparentes fur la cotte d'armes & fur le bouclier ; fur-tout les Rois & les Princes, afin que l'on

vit qu'ils vouloient être reconnus , &
qu'ils ne craignoient pas que l'ennemi s'attachât particulierement à
leur perfonne. La cotte d'armes de
nos Rois étoit bleue, femée de fleur
de lys d'or ; ils portoient une écharpe
blanche ; de temps immémorial , le
blanc a été la couleur défignative de
notre Nation , comme le *rouge* paroît l'avoir toujours été de la Nation Angloife.

L E S   L I V R É E S.

Les armoiries devenues fixes & héréditaires , introduifirent en même-
temps les livrées, & de même que
chacun s'étoit fait des armoiries à fa
fantaifie , chacun compofa & arran-
gea fes livrées comme il voulut. J'ai
dit qu'on mettoit fes armoiries fur fa
cotte d'armes & fur fon bouclier ; on

portoit d'ailleurs une écharpe dont la couleur aidoit à faire connoître de quelle province on étoit. Les Comtes de Flandres avoient pour couleur, le verd foncé ; les Comtes d'Anjou, le verd naiſſant; les Ducs de Bourgogne, le rouge ; les Comtes de Blois & de Champagne, l'aurore & bleu ; les Ducs de Lorraine, le jaune ; les Ducs de Bretagne, le noir & blanc ; ainſi les vaſſaux de ces différens Princes, avoient des écharpes différentes, & ceux de ces vaſſaux qui leur étoient alliés ou qui poſſédoient auprès d'eux quelque charge conſidérable affectoient de joindre aux couleurs de leurs livrées particulieres, une petite bande ou petit galon, plus ou moins large, de la livrée de leur Seigneur. Voilà pourquoi l'on remarque communément du verd foncé dans les livrées de la nobleſſe de Flandres & de la moitié de la Picardie ; du verd naiſſant dans les livrées de la nobleſſe d'Anjou ; du rouge dans les livrées de la nobleſſe de Bourgogne ; de l'aurore & bleu dans les livrées de la nobleſſe du Bleſois & de la Champagne ; du jaune dans les livrées de la nobleſſe de Lorraine & du Duché de Bar ; du noir dans les livrées de la nobleſſe de Bretagne. La nobleſſe des environs de Paris, qui relevoit immédiatement du Roi , a communément du bleu dans ſes livrées , parce que le bleu étoit la couleur de nos Rois. On demandera ſansdoute pouquoi il y a auſſi du blanc & du rouge dans la livrée Royale : parce que le blanc, comme je l'ai dit , étoit de temps immémorial la couleur générale & déſignative de la Nation ; à l'égard du rouge , parce que nos Rois , lorſqu'ils tenoient cour pleniere , étoient vêtus d'une grande foutane rouge, fous un long manteau bleu femé de fleurs de lys d'or.

On n'étoit pas obligé d'avoir fes livrées dans les tournois ; on étoit le maître d'y paroître avec des livrées de caprice & qu'ordinairement on compofoit fur les couleurs de fa Dame.

Il arrivo't fouvent que des nobles & des bourgeois, par dévotion à un Saint, fe faifoient ferfs de fon Eglife, n'alloient plus que vêtus d'un petit pourpoint de la couleur de fa banniere & portoient au poignet ou à la jambe un anneau de fer : il y a toute aparence que par une profane imitation de cet ufage, quelque tendre Chevalier pour marquer fa fervitude amoureufe, imagina au tour des bras ces braffelets ou cercles de galons de couleur qu'on voit à plufieurs livrées.

Le Roi, deux fois par an, diftribuoit des Manteaux rouges fourés d'hermine ou de (1) Menu vair, aux Chevaliers qu'il retenoit auprès de fa perfonne pour adminiftrer la juftice & l'aider de leurs confeils dans les affaires d'état ; on apelloit ces Manteaux, *Robbes de livrées.* Jean Vignerot ayant reçu plufieurs bleffures à la bataille de Courtrai en 1302, & ayant été longtems foulé aux pieds des chevaux, languit pendant quatre ans : *quoique ce Chevalier ne put ni s'armer, ni monter à cheval ; ni juger de procès, Philippe le bel voulut qu'il continuât d'avoir part à la diftribution des Robbes de livrées.*

______

(1) Le Menu vair étoit compofé de deux peaux, l'une blanche & l'autre grife.

DE QUELQUES MODES ET HABILLEMENS.

Il périt plus de quatre cent mille François aux Croisades, mais nous en raportames des Modes, entr'autres celle de se vêtir de longs habits. Dans le douziéme, le treiziéme, le quatorziéme & le quinziéme siecle, on portoit une soutane qui descendoit jusqu'aux pieds. Les nobles imaginerent qu'en y faisant faire une longue queuë, ils auroient le prétexte d'avoir un homme pour la porter ; & que l'avilissement de cet homme donneroit du relief & un air de distinction au Maître.

Il n'y avoit que les *Chevaliers* qui eussent le droit de porter sur la soutane un Manteau, ou casaque, dont les manches très-larges & très-amples se ratachoient par devant sur le pli du bras, & pendoient par derriere jufqu'aux genoux. Ces cafaques étoient des plus belles étoffes, & doublées d'hermine, de Marte, de petits gris, ou de Menu vair. Un Prince même & fa femme ne pou- voient pas porter de l'or fur leurs habits jufqu'à ce qu'il eut été fait Chevalier.

Pendant plus de trois fiécles, on eut l'extérieur de citoyens tranquilles & de bons compatriotes : on ne por- toit point d'épée : une longue bourfe pendante à la ceinture, étoit une marque de nobleffe. Aujourd'hui, avec ce fer que chacun porte à fon côté, nos villes offrent l'afpect d'une nation inquiete.

On fe couvroit la tête d'un cha- peron, efpece de capuchon avec un bourlet au haut & une queue pen- dante par derriere ; il étoit ordinai- rement de la même étoffe que le manteau ou la foutane, & fouré des mêmes peaux ; il eſt devenu l'épitoge des Préſidens à Mortier, l'aumuſſe des Chanoines, & la *chauſſe* qu'on voit aux Avocats, Conſeillers, Docteurs & Profeſſeurs de l'Univerſité ; ainſi les Préſidens à Mortier portent aujourd'hui leur ancien bonnet autour du cou ; les Chanoines le portent ſur le bras, & les Avocats, Conſeillers & Docteurs, l'ont ſur l'épaule.

Sous Charles V, on porta des *habits blaſonne*, c'eſt-à-dire, qu'on les chamaroit de toutes les piéces armoriales de ſon écu.

Sous Charles VI, on imagina *l'habit mi-parti*, ſemblable à celui des bedeaux. Un Journal de ce temps là raporte *que le 17 d'Octobre 1409, le Sire (1) Jean de Montagu fut con-*

Journal de Paris ſous les regnes de Charles VI,& Charles VII. p.3.

(1) Il étoit Grand-Maître de la Maiſon du Roi , & Surintendant des Finances. Le P.

duît du Petit Châtelet aux Halles, haut affis dans une charette, vêtu de fa livrée, à fçavoir d'une houpelande mi-partie de rouge & de blanc, le chaperon de même, une chauffe rouge & l'autre blanche, des éperons dorés, les mains liées, deux trompettes devant lui, & qu'après qu'on lui eut coupé la tête, fon corps fut porté au gibet de Paris, & y fut pendu au plus haut, en chemife, avec fes chauffes & fes éperons dorés.

Sous le regne de François I, on ne fe contenta pas de quitter l'habit ample & long, on donna dans l'ex-trêmité la plus oppofée. Des tapiffe-ries de ce temps-là repréfentent ce Prince & fes courtifans, vêtus com-me des pantalons, c'eft-à-dire d'un

---

Dubreuil dit que fon corps fut porté à Mont-faucon *dans un fac rempli d'épices* que four-nirent les Céleftins pour le conferver, juf-qu'a ce qu'il leur fut permis de l'enterrer.

pourpoint à petites basques , & d'un caleçon tout d'une piece avec les bas. Cet habit serroit si bien le corps & s'y mouloit de façon qu'il en étoit indécent. Les gens graves prirent le large haut de chausse à la Suisse ; les jeunes gens imaginerent *les trousses* , espece de haut de chausse court & relevé , qui ne venoit qu'à la moitié des cuisses , & que l'on couvroit d'une demie-jupe ; ensorte que sous les regnes de Henri II , de François II , de Charles IX , de Henri III & de Henri IV , excepté le petit manteau que n'ont pas nos coureurs , on étoit vêtu précisément comme ils le font aujourd'hui ; d'autant plus qu'on portoit de petites toques , sur le retroussé desquelles on faisoit broder ses armoiries. A l'armée , on enfonçoit ces toques dans la tête ; à la Cour & à la Ville , on les mettoit fur l'oreille droite ; l'oreille gauche à laquelle on attachoit une perle en poire , reftoit découverte.

Les femmes , fous le regne de Charles VI, étoient coëffées d'un haut bonnet en pain de fucre ; elles attachoient au haut de ce bonnet , un voile qui pendoit plus ou moins bas , felon la qualité de la perfonne : le voile d'une bourgeoife ne defcendoit que jufqu'aux épaules ; celui de la femme d'un *Chevalier* tomboit jufqu'à terre.

Sous le regne de François I & de Henri II , elles avoient de petits chapeaux avec une plume. Depuis Henri II jufqu'à la fin du regne de Henri IV , elles porterent de petits bonnets avec une aigrette.

Sous François II , les hommes trouverent qu'un gros ventre donnoit un air de majefté , & les femmes s'imaginerent auffi-tôt qu'il en étoit de même d'un gros cu ; on avoit de gros ventres & de gros cus poftiches , & cette ridicule mode dura trois ou quatre ans. Ce qu'il y eut encore de fingulier , c'eft que lorfqu'elle commença , les femmes parurent ne fe plus foucier de leur vifage & commencerent à le cacher ; elles prirent * un loup , & n'allerent plus que mafquées dans les rues, aux promenades , en vifite & même à l'Eglife. Au mafque fuccederent les mouches ; on prétend qu'elles en mettoient en fi grande quantité, qu'on avoit de la peine à les reconnoître. A l'égard du rouge , je dirai que les Généraux en mettoient le jour qu'ils entroient en triomphe à Rome , & qu'une jolie femme peut croire que chaque jour eft un jour de triomphe pour elle.

LA

* Efpece de mafque.

Servius. in Virg. Eclog. 6.

LA BARBE.

Il eſt de principe certain que tout François étoit ſoldat ; que s'il embraſſoit tout autre état , il ceſſoit d'être François , & que pour marquer qu'il n'étoit plus de la nation, on l'obligeoit de ſe couper la barbe & les cheveux , parce que les cheveux & la barbe ſervoient à diſtinguer le François d'avec le peuple ſubjugué. Les jeunes gens n'avoient que des mouſtaches.

Alaric Roi des Viſigots , craignant d'être attaqué par Clovis , & cherchant à l'amuſer par de belles eſpérances , lui fit demander une entrevue pour lui toucher la barbe , c'eſt-à dire pour l'adopter : on prenoit par la barbe , ou la mouſtache , celui qu'on adoptoit. Eginard Sécrétaire de Charlemagne , en parlant des der-

Fauchet.
c. 21.

niers Rois de la premiere race, dit qu'il venoient aux assemblées du champ de Mars dans un chariot tiré par des bœufs, & qu'ils s'asseioient sur le trône, avec de (1) longs cheveux épars & un barbe qui leur pendoit jusqu'à la poitrine.

* Grand-pere de Hugues Capet.

* Robert que Charles le simple, à qui il vouloit enlever la couronne, tua de sa propre main, *avoit passé au commencement de la bataille sa grande barbe blanche par dessous la visiere de son casque pour se faire reconnoître des siens.* Voilà une preuve qu'on portoit une longue barbe sous la seconde race, & cet usage continua sous les premiers Rois de la troisiéme. Hugues Comte de Chalons, ayant été vaincu par Richard Duc de Normandie, s'alla jetter à ses pieds avec une selle

Mezeray.
T.1.p.635.

(1) *Crine profuso, barbâ submissâ.*

de cheval fur le dos pour marquer qu'il fe foumettoit entierement à lui : *avec fa grande barbe*, dit la chronique, *il avoit plutôt l'air d'une chevre que d'un cheval.*

Vers la fin de l'onziéme fiecle, Guillaume (Archevêque de Rouen) déclara la guerre aux longues chevelures ; plufieurs Evêques fe joignirent à lui, & ftatuerent en concile, l'an 1096, *que ceux qui porteroient de longs cheveux, feroient exclus de l'Eglife pendant leur vie,& qu'on ne prieroit point pour eux après leur mort.* Les efprits s'échaufferent pour ou contre cette cenfure ; elle caufa, pendant plufieurs années, beaucoup de troubles, de fcandales, & même des difputes fi vives que l'un & l'autre parti put fe vanter d'avoir eu des Martyrs. Sur les repréfentations du célébre Pierre Lombard qui fut depuis Evêque de

P. Pomeraye. hift. des Arch. de Rouen. c. 8.

H ij

Robert ce-
nalis. hist.
Gallica.

Paris, Louis VII jugea que sa con-
science étoit interessée à donner, au
sujet des longues chevelures, l'exemple de la soumission aux mandemens
des Evêques : nonseulement il ra-
courcit ses cheveux, mais même il se
fit raser la barbe. Leonor d'Aquitaine qu'il avoit épousée, Princesse
vive, légere & badine, le railla sur
ses cheveux courts & son menton
rasé ; il lui répondit dévotement qu'il
ne falloit point plaisanter sur de pareilles matieres. Une femme qui
commence à trouver son mari ridicule, ne tarde gueres à devenir galante, pour peu qu'elle soit née avec
quelque disposition à l'être. Leonor
prit plaisir à l'amour & aux em-
pressemens du Prince d'Antioche :
Louis VII s'en aperçut, & se re-
pentit de l'avoir menée en Sirie.
Au retour de la Croisade, il lui

fit des reproches très-piquans ; elle
y répondit avec beaucoup de hauteur , & finit par lui propofer le
divorce , ajoutant qu'elle en avoit un
moyen *en ce qu'on l'avoit trompée ;
qu'elle avoit cru fe marier à un Prince
& qu'elle n'avoit époufé qu'un Moine.*
Malheureufement ils s'aigrirent de
plus en plus , & firent caffer leur
mariage. Elle époufa fix femaines
après , Henri Duc de Normandie ,
Comte d'Anjou , qui devint dans la
fuite Roi d'Angleterre, & à qui elle
porta en dot le Poitou & la Guyenne.
De-là vinrent ces guerres qui ravagerent la France pendant trois cent
ans ; il périt plus de trois millions de
François , parce qu'un Archevêque
s'étoit fâché contre les longues chevelures ; parce qu'un Roi avoit ra-
courci la fienne & s'étoit fait rafer la
barbe , & parce que fa femme l'avoit

*Mezeroy.
T. 2. p. 103.*

trouvé ridicule avec des cheveux courts & un menton rasé.

François I, le jour de la fête des Rois 1521, ayant été blessé à la tête d'un tison qu'on avoit jetté d'une fenêtre par mégarde, fut obligé de se faire couper les cheveux. Craignant d'avoir l'air d'un Moine avec le chaperon de ce temps-là, la tête rase & sans barbe, il imagina de porter un chapeau & de laisser croître sa barbe : la longue barbe redevint donc à la mode & continua d'y être sous Henri II, François II, Charles IX & Henri III.

En 1536, François Olivier qui fut depuis Chancelier, ne put être reçu au Parlement Maître des Requêtes. qu'à condition de faire couper sa longue barbe, *s'il vouloit assister au plaidoyé*. Pierre Lescot, en 1556, ayant été pourvû d'un Canonicat à

Notre - Dame , le Chapitre infifta longtemps contre fa longue barbe , & confentit enfin qu'il fut reçu , fans l'obliger à la couper , *quoique ce fut déroger aux ftatuts de l'Eglife.* Ces deux exemples prouvent qu'excepté les Eccléfiaftiques & les Magiftrats , tout le monde en France portoit alors une longue barbe. *Ce devoit être* , dit l'Abbé de S. Real , *une affez plaifante chofe de voir toute la galante & guerriere jeuneffe de la Cour de François I, chacun avec la plus grande barbe qu'il pouvoit avoir , tandis que Meffieurs de la Grand'Chambre étoient rafés comme les Mignons de Henri III le furent depuis.* L'Abbé de S. Real fe trompe ; les Ducs de Joyeufe , d'Epernon , Quelus , S. Maigrin , & autres Courtifans ou Mignons de Henri III , n'étoient point rafés ; il eft très-certain qu'ils portoient la barbe longue ,

De l'ufage de l'hift. Difcours 5.

comme fous le regne de François I
& de Henri II. A l'égard du menton
rafé de Meffieurs de la Grand'Chambre , voici ma réflexion : on a vû que
Louis VII , vers 1146 , quitta la
longue barbe , & qu'on la reprit en
1521 : le Parlement crut fans doute
qu'il ne devoit pas fe conformer à
cette nouvelle mode , qui ne fut d'a-
bord fuivie que par les gens de la
Cour , parce que ç'auroit été affecter
l'air de courtifans , & que dans ce
temps là on s'imaginoit qu'un Ma-
giftrat qui affectoit cet air & qu'on
voyoit fouvent à la Cour , étoit
vendu , ou prêt à fe vendre à la
faveur. Les Gens du Roi , fous le
regne de Henri II , ayant repréfenté aux Chambres affemblées , que
certains Officiers du Parlement fe
rendoient trop affidus au Louvre ,
il fut fait défenfe à tous Magiftrats

d'aller au Roi & à ſes Miniſtres, ſans permiſſion, *afin qu'ils ne vinſſent pas faire les Courtiſans parmi les Magiſtrats, après avoir fait les Magiſtrats parmi les Courtiſans.*

Sous Henri IV, on diminua la barbe : on ne la portoit que de la longueur de trois doigts ſous le menton, en éventail, arondie, & accompagnée de deux mouſtaches longues & roides, en forme de barbe de chat. Enſuite on ne retint que ces deux mouſtaches, avec un petit toupet de poil au milieu & tout le long de la levre inferieure. La Royale fut la mouſtache à la mode ſous le regne de Louis XIV.

Dans le temps des *barbes à l'éventail*, on les faiſoit tenir en cet état avec des cires préparées qui donnoient au poil une bonne odeur & la couleur qu'on vouloit. On accomodoit ſa barbe le ſoir, & pour qu'elle

H v

ne se dérangeât point la nuit, on l'enfermoit dans une (1) *bigotelle*, espece de bourse faite exprès.

Fêtes et Divertissemens.

C'étoit aux assemblées qu'on apelloit *cours plenieres*, qu'éclatoit la magnificence de nos Rois. Ces assemblées où toute la Noblesse étoit invitée, se tenoient deux fois (2) par an

---

(1) On avoit apellé *bigotelle*, la bourse que les devotes pendoient a leur ceinture pour faire leurs aumônes.

(2) Nos Rois tenoient encore *cour pleniere* à leur couronnement, à leur mariage, aux baptêmes de leurs enfans & lorsqu'ils les faisoient Chevaliers. Ces fêtes ne manquoient pas d'attirer grand nombre de charlatans, de bateleurs, de danseurs de corde, de plaisantins, de jongleurs & de pantomimes. Les *plaisantins* faisoient des contes; on apelloit *jongleurs* des joueurs de vielle qui faisoient danser des singes, des chiens & des ours. On prétend que les *pantomimes* excelloient dans leur art, & que par leurs gestes, leurs attitudes & leurs postures, ils exprimoient un trait d'histoire aussi clairement & aussi pathetiquement que s'ils l'avoient recité.

(à Pâques & à la Touſſaint ou à Noel.) Pendant ſept ou huit jours qu'elles duroient , le Roi revêtu de tout l'apareil de la Majeſté , mangeoit en public , la couronne ſur la tête : il ne la quittoit qu'en ſe couchant. Les Pairs Laïques & Eccléſiaſtiques étoient à ſa table. Le Connétable & autres grands Officiers (à cheval) recevoient & ſervoient les plats. *Au diner du ſacre de Charles VI , dit Froiſ-* *ſart , les Ducs de Brabant , d'Anjou ,* Vol. 2. c. 60. *de Berri , de Bourgogne & de Bourbon , oncles de ce Prince , s'aſſirent à table bien loin de lui , & l'Archevêque de Rheims & autres Prélats à ſa droite. Les Sires de Couci , de Cliſſon , de la Tri- mouille , l'Amiral de la mer & autres, ſervoient ſur hauts * deſtriers , tout cou-* * Chevaux. *verts & parés de drap d'or.* Chaque ſervice étoit aporté au ſon des flutes & des haut-bois. A l'Entremets, vingt

H vj

Heraults d'armes s'avançoient, cha-cun une coupe à la main, remplie de pieces d'or & d'argent qu'ils jettoient au peuple, en criant à haute voix, *largeſſe du grand Monarque.*

Le jour de la Pentecôte 1313, Philippe le bel fit ſes trois fils Che-valiers, avec toutes les cérémonies de l'ancienne Chevalerie. Le Roi & la Reine d'Angleterre qu'il avoit in-vités, paſſerent la mer exprès & ſe trouverent à cette fête, avec un grand nombre de leurs Barons. Elle dura huit jours, & fut des plus ſu-perbes & des plus agréables par la magnificence des habits, par la ſomptuoſité des feſtins & par la va-riété des divertiſſemens. *Les Princes & les Seigneurs changoient d'habits juſ-qu'à trois fois dans un ſeul jour. Les Pariſiens repréſentoient divers ſpectacles: tantôt la gloire des bienheureux: tantôt* les peines des damnés ; enfuite diverfes fortes d'animaux, & ce dernier fpectacle fut apellé la proceffion du Renard.

Croiroit-on que dans plufieurs Cathédrales, on faifoit *la proceffion de l'Afne ?* Les Soudiacres & les Enfans de chœur, après avoir decoré le dos d'un Afne d'une grande chape, alloient le recevoir à la porte de l'Eglife, en chantant une antienne ridicule & dont un des verfets difoit *que la vertu afinine avoit enrichi le Clergé :*

> *Aurum de Arabia,*
> *Thus & Myrrham de Saba*
> *Tulit in Ecclefia*
> *Virtus Afinaria.*

Pour revenir aux fêtes de la Cour, on appelloit (1) *Entremets*, des dé

Mff. de Baluze. Biblioth. du Roi.

Regift. de la Cathedr. d'Autun.

Memoir. pour fervir à l'hift. de la fête des Foux p. 25.

---

(1) *Entremets*, ainfi nommés parce qu'on les avoit imaginés pour amufer les convives corations qu'on faifoit rouler dans la Salle du feftin , & qui repréfentoient des villes , des châteaux & des jardins avec des fontaines d'où couloient toutes fortes de liqueurs. Au diner donné par notre Roi Charles V à l'Empereur Charles IV , en 1378 , on *s'achemina* , après la Meffe , par la galerie des Merciers , dans la grande falle du Palais où les tables étoient dreffées. Le Roi fe plaça entre l'Empereur & le Roi des Romains. Il y avoit trois grands buffets ; le premier de vaiffelle d'or , le fecond de vaiffelle de vermeil , & le troifieme de vaiffelle d'argent. Sur la fin du diner , commença le fpectacle ou *Entremets*. On vit pa-

Hift. d'Allemagne par le P. Barre.

dans l'intervalle des fervices d'un grand feftin. On s'eft fervi longtemps dans nos pieces de Théâtre du mot *entremets*, au lieu de celui d'*intermede*.

roître un vaiſſeau avec ſes mats, voiles & cordages ; ſes pavillons étoient aux armes de la Ville de Jéru-ſalem ; ſur le tillac, on diſtinguoit Godefroi de Bouillon, accompagné de pluſieurs Chevaliers armés de toutes pieces. Le vaiſſeau s'avança au milieu de la ſalle, ſans qu'on vit la machine qui le faiſoit mouvoir. Un moment après, parut la Ville de Jéruſalem avec ſes tours couvertes de Sarazins. Le vaiſſeau s'en approcha ; les chré-tiens mirent pied à terre & monte-rent à l'aſſaut ; les aſſiegés firent une belle défenſe ; pluſieurs échelles fu-rent renverſées ; mais enfin la ville fut priſe. Après le diner on donna à laver, & le Roi & l'Empereur laverent enſemble. Enſuite on aporta ſuivant l'ancien uſage, le vin & les épices ou confitures.

Charles IX étant allé diner chez

Chriſtine de Piſan. c. 41. troiſieme part.

un Gentilhomme auprès de Carcaſ-
ſonne , le plafond s'ouvrit à la fin du
repas ; on vit deſcendre une groſſe
nuë qui creva avec un bruit pareil à
celui du tonnerre , laiſſant tomber
une grêle de dragées , ſuivie d'une
petite roſée d'eau de ſenteur.

Les habitans des villes où le Roi
paſſoit , tâchoient , commme aujour-
d'hui , de faire briller leur eſprit &
leur joie par des deviſes , des emblêmes & des figures allégoriques.
A l'entrée de Louis XI dans Tournai , en 1463 , *de deſſus la porte deſ-*
cendit par machine une fille la plus belle
de la ville ; laquelle en ſaluant le Roi ,
ouvrit ſa robe devant ſa poitrine où il
y avoit un cœur bien fait ; lequel
cœur ſe fendit , & en ſortit une gran-
de fleur de lys d'or , quelle préſenta au
Roi de la part de la Ville , en lui di-
ſant , Sire , pucelle je ſuis , & auſſi l'eſt

Monſtrelet.
vol. 3. pag.
101.

cette (1) *Ville ; car oncques ne fut prise & ne tourna contre les Rois de France, ayant tous ceux de cette Ville chacun une fleur de lys dans le cœur.*

Pendant les sept ou huit jours que duroient les *cours plenieres*, il y avoit joutes, tournois, & un bal après le souper. Louis XII tint *cour pleniere* à Milan, en 1501 ; les bals y furent magnifiques, & l'on y vit danser les Cardinaux de Narbonne & de Saint Severin. Le Cardinal Palavicin raporte qu'en 1562, les Peres assemblés au Concile de Trente, délibererent de donner un bal à Philippe II Roi d'Espagne ; que toutes les Dames de la ville y furent invitées ; que le Cardinal de Mantoue ouvrit le

Vie du Cardinal d'Amboise.

Abregé chronol. de S. Romuald. Relig. Feuillant.

(1) Tournai que la France a bien voulu ceder à la Maison d'Autriche, a été le berceau des François & de la Monarchie dans les Gaules.

bal , & que Philippe II & tous les Peres du Concile , y danserent.

Nos Rois se plaisoient à faire battre des bêtes feroces les unes contre les autres. Le Moine de S. Gal raporte que dans la cour de l'Abbaye de Ferrieres , au combat d'un Lion contre un Taureau , Pepin le bref qui savoit que quelques Seigneurs faisoient tous les jours des railleries sur sa petite taille , leur demanda , *qui de vous se sent assez de courage pour aller tuer ou séparer ces terribles animaux ?* Voyant qu'aucun ne s'offroit , & que la seule proposition les faisoit même frémir , *eh bien* , ajouta-t-il , *c'est donc moi qui y vais.* Il descend de sa place , tire son sabre , tue le Lion , abbat d'un autre coup la tête du Taureau , & regardant ensuite fierement les railleurs ; *aprenez* , leur dit-il , *que la taille n'ajoute rien au courage , & que je saurai terrasser les orgueilleux qui oseront me mépriser, comme le petit David terrassa le géant Goliath.* Il paroit que l'on ne doutoit pas de la vérité de ce fait, lorsqu'on bâtit le portail de Notre-Dame : on y voit la statue du Roi Pepin, l'épée à la main, sur un Lion.

François I étant à Amboise, imagina parmi les divertissemens. qu'il vouloit donner aux Dames, de faire prendre en vie un des plus énormes Sangliers de la forêt. Cet animal qu'on avoit aporté dans la cour du Château, devenu furieux par les petits dards & les bouchons de paille qu'on lui jettoit des fenêtres, monta le grand escalier & enfonça la porte de l'apartement où étoient les Dames. François I défendit à qui que ce fut d'aprocher , atendit la Bête , lui enfonça son coutelas dans la tête entre

Hist. MSS. de la Touraine. Biblioth. du Roi.

les deux yeux , & lorſqu'elle tomba ,
la retourna ſur l'autre côté à force
de poignet : ce Prince n'avoit alors
que vingt & un an.

F o u x.

Dans les archives de la ville de
Troie en Champagne , on conſerve
une Lettre de Charles V , par laquelle *il mande au Maire & Echevins*
que ſon fol eſt mort & qu'ils ayent à lui
en envoyer un autre ſuivant la coutume.
Nos Rois avoient des fous en titres
d'offices , & ce qu'il y a de très ſingulier , c'eſt qu'ils leur faiſoient élever des Mauſolées. On voit dans les
regiſtres de la Chambre des Comptes , que ce même Charles V , ce
Prince ſi ſage , fit élever un tombeau à un de ſes fous , dans l'Egliſe
de S. Germain de l'Auxerrois ; &

'Sauval.
T. 1. p. 331.
T. 3. p. 34.

qu'il en fit encore élever un pareil à *Thevenin*, un autre de ſes fous, dans l'Egliſe de S. Maurice de Senlis. *Il conſiſte*, dit Sauval, *dans une tombe de pierre de liais, longue de huit pieds & demi, ſur quatre & demi de large. Au milieu eſt couchée ſur le côté, une figure en habit long, dont les pieds ſont d'al-batre de raport, ainſi que le viſage. Pour coëffure, elle a une calotte terminée d'une houpe ; on voit ſur ſes épaules un froc fait en capuchon ; deux bourſes ſur ſon eſtomach, & une Marote à ſa main. Tout autour de ce tombeau, ſont tail-lées, avec une délicateſſè & une patience incroyable, quantité de petites figures dans des niches. On y lit cet épitaphe.*

C'y giſt Thevenin de S. Legier , fol du Roi notre Sire , qui trepaſſa le on-zième Juillet , l'an de grace 1374. *Priez Dieu pour l'ame de li.*

Funérailles.

Avant que de parler des funérailles, je dirai quelque chose sur les
Baptêmes. Les enfans & les personnes âgées qu'on baptisoit, avoient
des vêtemens blancs & les portoient pendant huit jours. *La Reine Clotilde,*
dit Grégoire de Tours, *accoucha d'un
garçon qui fut nommé Ingomer ; il ne
vécut que quelques jours, & portoit encore, lorsqu'il mourut, les vêtemens
blancs qu'il avoit reçus au baptême.*
L'Eglise étoit tapissée de blanc.

Le Moine de S. Gal raporte que
Louis le debonnaire, & à son exemple les Seigneurs de sa Cour, faisoient de riches présens aux Normands
qui demandoient à recevoir le Baptême ; qu'une année, aux fêtes de Pâques, ces pirates vinrent en si grand
nombre qu'il ne se trouva pas assez

Greg Tur. l. 2. c. 29.

d'habits blancs pour leur en donner à tous, comme c'étoit la coutûme de ce temps-là ; qu'on en fit faire à la hâte, & qu'un Seigneur Normand ayant regardé l'habit qu'on lui aportoit, le jetta en jurant & en difant que c'étoit au moins *la vingtieme fois* qu'il étoit venu fe faire baptifer, & que jamais on ne lui avoit préfenté un fi vilain habit : telles font malheureufement la plûpart des converfions dont les Miffionnaires fe glorifient.

On garde dans la Chapelle de Vincennes, les Fonds Baptifmaux qui fervent aux Baptêmes des Enfans de France : c'eft une cuve de cuivre rouge faite comme un grand baffin à l'antique, & toute couverte de plaques d'argent à perfonnages entaillés fi artiftement qu'on n'y voit le cuivre que par filets. *Cette cuve fut*

Cérémonial François. T.2.p.176. *fabriquée*, dit Godefroy, *en* 897 : il se trompe ; elle fut faite pour le Baptême de Philippe Auguste né le 12 Août 1166.

Au baptême de Louis XIV, Louis XIII accorda la permission de revenir dans le Royaume à tous ceux qu'on avoit poursuivis en justice pour quelque action qui au fond n'étoit pas deshonorante ; mais ils ne pouvoient faire enteriner leurs lettres de grace ou de rémission, *qu'après avoir préalablement servi pendant trois mois consécutifs, à leurs dépens, dans quelque régiment.* Il y en eut cent qui composerent une compagnie & qui se firent hacher en piéces à l'attaque d'un ouvrage au siége de Brisac.

Parlons à présent des funérailles. Grégoire de Tours raporte qu'Alaric Roi des Visigots, écrivit à Clovis,

si

ſi mon frere le vouloit , nous aurions une L. 2. c. 35.
entrevue. L'uſage entre les Souverains
de ſe traiter de *freres* , eſt donc très
ancien ; mais ils ne portoient le deuil
les uns des autres que lorſqu'ils
étoient proches parens.

Frédegonde ordonna qu'on obſer-
vât les mêmes cérémonies aux funérailles de Clodebert , ſon fils aîné,
qu'à celles des Rois : tous les Seigneurs & toutes les Dames y aſſiſte-
rent en habits de deuil , les cheveux
épars & *poudrés de cendre.*

Les tombeaux des Rois de la premiere race depuis Clovis , ne conſi-
ſtoient que dans une grande pierre
profondément creuſée , & couverte
d'une autre en forme de voute. On
ne voyoit ſur ces pierres ni figures
ni épitaphes : c'étoit en dedans qu'on
gravoit quelque inſcription & qu'on

Tome II.   I

prodiguoit la (1) magnificence.

En 1646 , on découvrit dans l'Abbaye de S. Germain des Prez le tombeau de Childéric II , & l'on y trouva un baudrier, des épées, des poignards, le morceau d'un diadême tiſſu d'or, une agraffe d'or peſant environ huit onces , un vaſe de criſtal rempli d'un parfum qui exhaloit encore quelque odeur , & pluſieurs piéces d'argent quarrées & ſur leſquelles étoit empreinte la figure d'un ſerpent à deux têtes : aparemment que ce Prince avoit pris ce ſerpent pour deviſe ou

---

(1) L'article 2 du chapitre 19 des Loix Saliques , interdit le feu & l'eau à celui qui aura déterré un corps pour le dépouiller ; il n'étoit pas permis à ſa femme même de l'aſſiſter & de vivre avec lui , juſqu'à ce qu'il eut fait aux parens du mort telle ſatisfaction qu'ils ſouhaitoient : d'ailleurs on mettoit des eſclaves, ou l'on payoit des perſonnes pour veiller à la garde de ces tombeaux, & des cimetieres publics.

ſymbole , de même qu'on prétend que des abeilles étoient le ſymbole de Childeric I , parce qu'on en trouva pluſieurs dans ſon tombeau.

Il paroît que l'on ne commença de mettre des épitaphes ſur les tombeaux de nos Rois, que ſous la ſeconde Race. Eginard raporte celle qu'on mit dans l'Egliſe de Notre-Dame d'Aix la Chapelle , au-deſſus de l'endroit où Charlemagne fut inhumé : elle eſt bien ſimple :

*C'y giſt le corps de Charles , grand & orthodoxe Empereur. Il étendit glorieuſement l'Empire des François & regna heureuſement pendant quarante-ſept ans. Il mourut * ſeptuagenaire , le 28 Janvier 814.*

* Il avoit 72 ans.

On deſcendit ſon corps dans un caveau , après l'avoir embaumé ; on l'affit fur un trône d'or : c'eft, je crois, le feul homme qu'on ait inhumé (1) affis. Il étoit vêtu de fes habits Imperiaux pardeffus un cilice ; on lui avoit ceint fa *joyeufe* : c'étoit le nom de fon épée. Il fembloit regarder le ciel, & fa tête étoit ornée d'une chaîne d'or en forme de diadême ; il avoit un globe d'or dans une main ; l'autre main étoit pofée fur le Livre des Evangiles qu'on avoit mis fur fes genoux ; fon fceptre d'or & fon bouclier étoient appendus devant lui à la muraille ; on ferma & on fcella le caveau, après l'avoir rempli de parfums, d'aromates & (2) de beaucoup de richeffes.

____

(1) Les voyageurs parlent de certains peuples de l'Amérique qui enterrent leurs morts dans cette pofture.

(2) *Et repleverunt ejus fepulcrum aromatibus, pigmentis, & balfamo & mufco, & thefauris multis in auro.* Duchefne. T. 2. p. 87.

Anciennement un homme étoit donc magnifiquement vêtu dans un tombeau très-simple : aujourd'hui l'on n'a qu'un linceul dans un tombeau dont l'exterieur est superbe.

Charlemagne, disent les grandes Chroniques, *fit ouvrir & embaumer de beaume, de mirrhe & d'aloës, le corps de Roland tué à Roncevaux en 778. Les obseques & services des morts furent chantés par Ministres de sainte Eglise, avec grand luminaire .... fut porté le corps sur deux mules jusqu'à la Cité de Blaye, en biere dorée, couverte de riches draps de soye, & fut ensepulturé moult honorablement, & fut mise son épée durendal à sa tête, & son* (1) *olifant à ses pieds en l'honneur de Notre Seigneur & en signe de sa haute prouesse.*

D. Bou-
guet. T. 5.
P. 307.

______

(1) Petit cor dont sonnoient les Paladins & Chevaliers errans, pour apeller & defier l'ennemi.

Rigord.
p. 266.

Aux funerailles de Philippe Auguste, le Cardinal Conrad Legat du S. Siége, & Guillaume Archevêque de Rheims, se disputerent l'honneur de chanter la grande Messe : on convint, *Hist. de Paris. T.* 1.
p. 268. pour les mettre d'accord, qu'ils la chanteroient ensemble à deux Autels differens, & que les autres Prélats, le Clergé, les Moines & le peuple, leur répondroient comme à un seul officiant.

Le corps du fils de S. Louis, mort à l'âge de seize ans, fut d'abord porté à S. Denis, & delà à l'Abbaye de Royaumont où il fut *Guielm.*
Nangii.
Chroniq.
P. 371. enterré. Les plus Grands Seigneurs du Royaume porterent alternativement le cercueil sur leurs épaules, & Henri III Roi d'Angleterre qui étoit alors à Paris, le porta lui-même pendant assez longtemps, comme feudataire de la Couronne.

A la porte de l'Eglife de Notre-
Dame, le Roi Philippe III prit fur
fes épaules les offemens de S. Louis
fon pere & les porta jufqu'à S. Denis,
accompagné d'Archevêques, Evêques & Abbés, *la mitre en tête & la
croſſe au poing.* On planta une croix à
chaque endroit où il s'étoit repofé ;
il y en eut fept ; quelques-unes ont
été déplacées ; la premiere étoit auprès de la Communauté de S. Chau-
mont : ce font des efpeces de pira-
mides de pierre avec les ftatues des
trois Rois, furmontées d'un Crucifix.

Philippe le bel, fils & fucceffeur
de Philippe III, rendit le Parlement
fédentaire. Il paroît que dès-lors
cette compagnie commença de jouir
de l'honneur de porter le corps des
Rois morts, ou les quatre coins du
drap mortuaire : *portoient le corps du*
Roi Jean les gens de fon Parlement,

I iv

ainſi comme accoutumé avoit été des autres Rois.

Le corps de Jeanne de Bourbon, femme de Charles V, dit la même Chronique, étoit ſur un lit couvert d'un drap d'or ; un linge fort delié lui couvroit le viſage & n'empêchoit pas qu'on ne la vit ; elle tenoit dans la main droite un petit bâton terminé par une roſe, & dans la gauche, un ſceptre ; le Prevôt des Marchands & les Echevins portoient le dais de couleur rouge, ſoutenu ſur quatre lances ; le Parlement étoit autour du lit, & quatre Préſidens portoient les coins du drap d'or.

Aux funérailles de Charles VI, on imagina d'enfermer le corps dans un (1) cercueil, & de faire une effigie

---

Hiſt. de l'Abbaye de S. Denis par D. Felibien. L. 5. p. 289.

(1) Le cercueil de Charles VII étoit de cyprés. L'Egliſe de Notre-Dame étoit tendue de toile *perſe*, c'eſt-à-dire d'une couleur

Monſtrelet.

en cire revétue des habits & ornemens
Royaux. Je ne remarque depuis ce
temps là aucuns changemens confidérables dans les cérémonies obfervées
aux convois & enterremens de nos
Rois.

…. marchoient *Meſſieurs de l'Uni-* *Pompe fu-* *verſité, tous graduez tant és Arts, Mé-* *nebre de* *decine, Decret, Théologie, que autres* *Charles VII.* *Facultez : Monſeigneur le Recteur avoit*
fait offre d'amener la totalité des Étu-
dians de ladite Univerſité, que l'on eſti-
moit à plus de vingt-cinq mille ; mais
pour éviter la foule, on ne voulut que leſ-
dits graduez qui étoient au nombre de qua-
tre à cinq mille.

…. *marchoient les vingt quatre porteurs*
de ſel de la Ville, qu'on apelle Han-

entre le vert & le bleu. L'Abbeſſe de Mont- *Mathieu de*
martre & ſes Religieuſes ſortirent de leur *Couci.*
couvent & vinrent faluer le corps au village
de la Chapelle.

I v

nc̈üars ; *lesquels disoient que par privilége ils devoient porter le corps dudit (1) Seigneur Roi depuis Paris jusques à la Croix pendante près de S. Denis ; mais il fut dit que les Gentilshommes de la Chambre le porteroient , sans préjudice du privilége que disoient avoir lesdits Hannouars.*

Sur quel motif pouvoit être fondé ce privilége ? Voici ce que j'imagine : on avoit perdu l'art d'embaumer les corps ; on les coupoit par pieces qu'on (2) saloit après les avoir fait bouillir

---

De Thou.
T. 15. L. 3. (1) Ils avoient porté le corps de Charles VI & de Charles VII , & porterent celui de Henri IV.

(2) Henri V Roi d'Angleterre & prétendu Roi de France , étant mort à Vincennes au *J Juvenal* mois d'Août 1422 , *son corps fut mis par des Ursins pieces & bouilli dans un chaudron , tellement que la chair se sépara des os ; l'eau fut jettée dans un cimetiere , & les os avec la chair furent mis dans un coffre de plomb , avec plusieurs especes d'epices & de choses odoriferantes & sentant bon.*

dans de * l'eau pour féparer les os
de la chair ; aparemment que les porteurs de fel étoient chargés de ces
groffieres & barbares opérations , &
qu'ils obt nrent l'honneur de porter
ces triftes reftes que l'orgueil tâchoit
de difputer au néant.

.... *marchoient les feize Gentilshommes*
de la Chambre , portant la litiere ou lit
de parade ; lequel lit étoit compofé d'un
matelat, d'ungrand linceul de toile de Hol-
lande, d'un grand drap de velours noir
de cinquante aulnes , & d'un autre drap ,
de drap d'or de vingt-cinq aulnes. Sur ce
lit étoit couchée la figure ou effigie du
Roi (1) en cire , la couronne fur la
tête ; dans la main droite un Sceptre ;

**On jettoit bien dévotement cette eau 'ans un cimeti-ere.*

Pompe fu-nebre de Louis XII , François 1, Henri II , Charles IX, & Henri IV.

---

(1) Dès que les Médecins avoient affuré
que le Roi étoit mort , on lui appliquoit de
la cire fur le vifage , pour en tirer *l'effigie*
bien reffemblante. On a confervé dans l'Abbaye de S. Denis plufieurs de ces effigies.

I vj

dans la gauche, une Main de Juſtice ;
les jambes chauſſées de brodequins d'étoffe
d'argent brodée d'or ; la ſemelle de ſatin
cramoiſi ; deux grands oreillers de drap
d'or, l'un ſous la tête, l'autre ſous les
pieds. Elle avoit une chemiſe de la plus fine
toile, bordée d'une broderie de ſoie noire :
pardeſſus cette chemiſe, une camiſole de ſatin cramoiſi dont on ne voyoit les manches
que juſqu'aux coudes, parce que le reſte
étoit couvert de la tunique qui étoit de ſatin azuré bordée de grands paſſemens d'or
& d'argent & ſemée de fleurs de lys d'or ;
les manches de cette tunique n'alloient que
juſqu'aux coudes. Pardeſſus, étoit le manteau Royal de velours violet cramoiſi
tirant ſur le bleu, & ſemé de fleurs de
lys d'or ; ledit manteau étoit ſans manches, ouvert par devant & doublé d'hermine ; le collet étoit auſſi d'hermine &
renverſé de la largeur de dix pouces.

Le cercueil qui renfermoit le

corps , étoit ordinairement fous le lit de parade , & quelquefois dans un chariot à fix chevaux qui le précédoit.

.... *quatre Préſidens à Mortier , vêtus de leurs habits Royaux, portoient les quatre coins du drap mortuaire d'or dudit lit de parade , & tous Meſſieurs du Parlement étoient autour , vêtus d'écarlate. Le dais étoit porté par le Prevôt des Marchands & les Echevins. Le grand Ecuyer ayant l'Epée Royale en écharpe , marchoit devant le lit de parade , monté ſur un courſier caparaçonné de velours noir , avec une large croix de ſatin blanc. Devant le Grand Ecuyer , marchoit le cheval d'honneur , avec une ſelle de velours violet , des étriers dorés & un caparaçon du même velours ſemé de fleurs de lys d'or : deux Ecuyers , à pied , vêtus de noir , tête nue , le menoient en main , & quatre Valets de pied auſſi vêtus de noir*

& tête nue , foutenoient les quatre coins de fon caparaçon.

Il me paroît que ce *cheval d'honneur* , ces deux Ecuyers & ces quatre Valets de pieds qui l'accompagnent , reffemblent beaucoup au cheval & aux domeftiques qu'on tuoit & qu'on enterroit avec les Rois de la premiere race avant qu'il euffent embraffé le chriftianifme. On ne trouvera pas , je crois , mon idée extraordinaire lorfqu'on aura vû qu'on faifoit des offrandes de chevaux. Dans une tranfaction de l'an 1329, entre les Curés de Paris & l'Eglife du S. Sépulcre , il eft dit qu'un mourant fera libre de choifir fa fépulture dans cette Eglife; mais que fon corps fera d'abord porté à la Paroiffe fur laquelle il fera mort, & que le Curé de cette Paroiffe aura la moitié du luminaire , & *des* * *hardes & chevaux* qui feront préfentés à

Hift. du Diocéfe de Paris. Par l'Abbé le Bœuf. T. 1. p. 270.

* *Pannis & equis.*

l'offrande, lors de l'inhumation au S. Sepulcre. Le continuateur de Nangis raporte que le Roi Jean étant mort à Londres, Edouard III lui fit faire un magnifique fervice, & qu'il préfenta (1) à l'offrande plufieurs chevaux de prix, caparaçonnés de noir, avec l'écuffon de France. Au fervice fait à S. Denis, en 1389, pour Bertrand Duguefclin, par l'ordre de Charles VI, l'Evêque d'Auxerre qui célébroit la Meffe, defcendit de l'Autel après l'Evangile, & s'étant placé à la porte du chœur, on vit arriver quatre Chevaliers, armés de toutes piéces, & des mêmes armes du feu Connétable Duguefclin qu'ils repréfentoient ; ils furent fuivis de quatre autres, portant fes bannieres & mon-

---

(1) *Offerens pro eo multos equos infignitos armis Franciæ, cum equitibus.* Guielm Nangii continuat.

tés ſur des chevaux caparaçonnés de noir, avec ſon écuſſon : c'étoient, dit l'Hiſtorien, les plus beaux chevaux de l'écurie du Roi. *L'Evêque reçut le preſent des chevaux en leur mettant la main ſur la tête ; enſuite on les ramena, mais il falut après compoſer pour le droit de l'Abbaye à laquelle ils étoient dévolus.* Le Connétable de Cliſſon & les deux Maréchaux (Louis de Sancerre & Mouton de Blainville) firent auſſi leur offrande, accompagnés de huit Seigneurs qui portoient chacun un écu aux armes du défunt, & tout en touré de cierges allumés. Après eux, vinrent le Duc de Touraine frere du Roi, Jean Comte de Nevers fils du Duc de Bourgogne, le Prince de Navarre & Henri de Bar, tenant chacun par la pointe une epée nue. Au troiſiéme rang, marchoient quatre autres Seigneurs armés de pied en

Hiſt. de l'Abbaye de S. Denis. par D. Fe- libien. L. 6. p. 303.

cap , & conduits par huit jeunes Ecuyers, dont les uns portoient des Casques & les autres des Pennons & Bannieres aux armes de Duguesclin. Ils allerent tous se prosterner au pied de l'Autel & y déposer *ces piéces d'honneur.*

Il n'est pas douteux que ces cérémonies étoient de tradition : Cesar & Tacite raportent que les (1) Gaulois & les Germains bruloient ou enterroient avec le mort ses armes & son cheval : les Druides auroient pû sauver la vie à tant de pauvres chevaux, & les tourner à leur profit : étoient-ce les ténebres du paganisme qui les empêchoient de voir clair à leurs intérêts ?

Louis XIII mourut à S. Germain en Laye ; son corps ne fut point

_____

(1) *Omnia quæ vivis cordi fuisse arbitrantur, in ignem inferunt, etiam animalia.* *Cæsar. de bello gallico. lib. 6. c. 17.*

aporté à Paris ; ainsi son convoi n'eut pas tout ce cortege & cet apareil frapant & majestueux des convois de ses prédécesseurs ; mais d'ailleurs on observa les mêmes cérémonies à ses funérailles. Lorsque la Messe fut achevée, le Maître des Cérémonies alla prendre le Premier Président & les Présidens de Novion, de Mesmes & de Bailleul, pour tenir les quatre coins du drap mortuaire. Vingt cinq gardes de la Compagnie Écossoise, commandés par un Lieutenant & un Exempt, ayant porté le corps dans le caveau, le Roi d'armes s'aprocha de l'ouverture, y jetta son chaperon & sa cotte d'armes, & ensuite cria à haute voix, *Heraults d'armes de France, venez faire vos offices.* Chacun d'eux ayant aussi ôté son chaperon & sa cotte d'armes, & les ayant jettés dans le caveau, il ordonna au Hérault d'armes du titre d'Orleans d'y descendre pour ranger fur le cercueil *toutes les pieces d honneur* qu'on alloit apporter, & qu'il appella dans l'ordre fuivant:

M. de Bouillon, aportez l'Enfeigne des Cent-Suiffes de la garde, dont vous avez la charge.

M. de Bazoche, Lieutenant des Gardes du Roi, en l'abfence de M. le Comte de Charoft, aportez l'Enfeigne des cent Archers de la garde, dont il a la charge.

M. de Rebais, en l'abfence de M. de Villequier, aportez l'Enfeigne des cent Archers de la garde, dont il a la charge.

M. d'Yvoy, en l'abfence de M. le Comte de Trefmes, aportez l'Enfeigne des cent Archers de la garde, dont il a la charge.

M. Ceton, en l'abfence de M. de Champdenier, aportez l'Enfeigne des cent Archers de la garde Ecofloife, dont il a la charge.

M. l'Ecuyer de la Boulidiere, aportez les Eperons.

M. l'Ecuyer de Poitrincour, aportez les Gantelets.

M. l'Ecuyer de Vantelet, aportez l'Ecu du Roi.

M. l'Ecuyer de Belleville, aportez la Cotte d'Armes.

M. le Premier, aportez le Haume timbré à la Royale.

M. de Beaumont, premier tranchant, aportez le Pannon du Roi.

M. le grand Ecuyer, aportez l'Épée Royale.

M. le Grand & Premier Chambellan, aportez la Banniere de France.

M. le Grand-Maître & Chef du Convoy, venez faire votre office.

M. le Duc de Luynes, aportez la Main de Justice.

M. le Duc de Ventadour, aportez le Sceptre Royal.

M. le Duc d'Uzez , aportez la Couronne Royale.

Ces trois Ducs aporterent la Main de Juſtice, le Sceptre & la Couronne , ſur des oreillers de velours noir & le Roi d'armes les reçut ſur un grand morceau de taffetas : le Herault d'armes d'Orleans les mit ſur le cercueil avec les autres *pieces d'honneur* ci-deſſus ſpécifiées , excepté l'Épée Royale que le Grand Ecuyer tint toujours par la poignée , n'en mettant que la pointe dans le caveau ; le Grand Chambellan n'y mit auſſi que le bout de la Banniere de France.

Seize Maîtres d'Hôtel nommés , ayant jetté dans le caveau leurs bâtons couverts d'un creſpe , le Duc de la Trimouille faiſant les fonctions de Grand-Maître de la Maiſon du Roi pour le Prince de Condé , y mit le bout du fien , & dit , *le Roi eft mort.* Le Roi d'armes fe tournant vers le peuple , repeta à haute voix , *le Roi eft mort : le Roi eft mort : le Roi eft mort , prions Dieu pour le repos de fon ame.* Après quelques momens de filence , le Duc de la Trimouille dit , *Vive le Roi ,* & auffitôt le Roi d'armes cria , *Vive le Roi , vive le Roi , Vive le Roi Louis XIV du nom Roi de France & de Navarre.* Le Grand Chambellan releva la Banniere de France ; le Grand Ecuyer , l'Épée Royale ; le Grand Maître de la Maifon du Roi , fon bâton ; toute l'Eglife retentit du fon des trompetes , des timbales , des fifres & des hautbois ; chacun fe retira & alla diner. Le Doyen des Aumoniers du Roi (pour le Grand Aumonier) benit les tables du Grand Maître & du Parlement , & y dit *les graces ,* après lefquelles la Mufique du Roi chanta un *Laudate* au bout des mêmes tables. Enfuite, en préfence du Parlement, le Prince de Condé (Grand Maître) ayant fait apeller tous les Officiers de la Maifon du Roi, caffa fon (1) bâton, en difant à ces Officiers que la Maifon étoit rompue & qu'ils euffent à fe pourvoir, leur promettant en même-temps fes bons offices auprès de leur nouveau Maître, & qu'il tacheroit de les faire rétablir dans leurs mêmes charges & fonctions.

On ne fait ordinairement les funérailles de nos Rois que quarante jours

---

(1) Le Grand Aumonier, dit M. de Thou, faifoit la priere, avant & après le repas, à la table du Parlement, & le Grand Maître de la Maifon du Roi y caffoit fon bâton pour marquer que les fonctions de fa charge étoient finies par la mort & l'inhumation du Roi ; enfuite il reprenoit un autre bâton & faifoit crier *Vive le Roi* par un Herault. *T. 15. L. 3. page 112 & fuivantes.*

après leur mort : on expose pendant
ces quarante jours leur image en cire
à la vue du peuple, sur un Lit (1) de
parade & dans tout l'éclat de la Ma-
jesté : on continue de les servir aux
heures des repas, comme s'ils étoient
encore vivans : *étant la table dressée*
par les Officiers de fourriere ; le service
aporté par les Gentilshommes servans,
Panetier, *Echanson & Ecuyer tran-*
chant ; l'Huissier marchant devant eux,
suivi par les Officiers du retrait du Go-
belet qui couvrent la table avec les reve-
rences & essais que l'on a accoutumé de
faire ; puis après le pain defait & pré-
paré, la viande & service conduits par
un Huissier, Maître d'Hôtel, Panetier,
Pages de la Chambre, Ecuyer de cui-
sine & garde Vaisselle ; la serviete
pour

Mémoir. de l'Etat de France. T. 3. P. 374.

____

(1) Le corps est dessous, embaumé, dans
un cercueil de plomb.

pour essuyer les mains , présentée par ledit
Maître d'Hôtel au Seigneur le plus confidérable qui se trouve là présent , pour qu'il
la présente audit Seigneur Roi ; la table
bénite par un Cardinal ou autre Prélat ;
les bassins à eau à laver présentés au
fauteuil dudit Seigneur Roi , comme
s'il étoit encore vivant & assis dedans ;
les trois services de ladite table continués
avec les mêmes formes , cérémonies &
essais , sans oublier la présentation de la
coupe aux momens où ledit Seigneur Roi
avoit accoûtumé de boire en son vivant ;
la fin du repas continuée par lui présenter
à laver & les graces dites en la maniere
accoûtumée , sinon qu'on y ajoûte le De
profondis.

Tout ce cérémonial fut sans doute
dicté par notre amour pour nos Rois ;
on cherche à tromper sa douleur ; il
semble qu'on les fait revivre en con-

Tome II. K

tinuant de les fervir, lors même qu'ils ne font plus.

Suet. in Vespaf.

Aux pompes funebres chez les Romains, on louoit un pantomime à peu près de la taille & de la figure du mort, & qui contrefaifoit quelquefois fi bien fon air, fa contenance & fes geftes, qu'il fembloit que c'étoit lui-même qui marchoit à fon convoi.

Dans un compte de dépenfe de la maifon de Polignac, de l'an 1375, on trouve un article *de cinq fols baillés à Blaife pour avoir fait le Chevalier deffunt, à l'enterrement de Jean, fils de Randonnet Armand, Vicomte de Polignac.*

Les Chevaliers morts dans leur lit étoient reprefentés fur leurs tombeaux, fans épée, la cotte d'armes fans ceinture, les yeux fermés, & les pieds apuyés fur le dos d'un

Levrier : au lieu qu'on y repréſentoit les Chevaliers tués dans une bataille ; le bouclier au bras gauche, le caſ-que en tête, la viſiere abbatue, la cotte d'armes ceinte ſur l'armure avec une écharpe ou une ceinture, un Lion à leurs pieds, & l'épée nue à la main.

J'ignore ſi un Chanoine dont il eſt ſouvent parlé dans les regiſtres de la Cathédrale d'Evreux, ſous le nom de *Jean Bouteille*, mourut une bouteille à la main ; mais on voit dans ces regiſtres qu'il fonda un *Obit* ac-compagné d'une cérémonie aſſez ſin-guliere : pendant cet *Obit*, on éten-doit ſur le pavé, au milieu du chœur, un drap mortuaire, aux quatre coins duquel on mettoit quatre bouteilles pleines du meilleur vin, & une cinquiéme au milieu, le tout au profit des chantres qui aſſiſteroient à ce ſervice. *Memoire pour ſervir à la fête des Foux. p. 31.*

K ij

Louis de Beaumont de la Foreſt, Evêque de Paris, décedé en 1492, ſouhaita par ſon teſtament que la foſſe où il ſeroit inhumé dans la Cathédrale, fut remplie de terre aportée du Cimetiere des Innocens. C'étoit ſans-doute par humilité : y a t-il donc de l'orgueil à pourir dans quelque terre que ce ſoit !

Si l'on continuoit, par amour & par reſpect, de ſervir la table d'un mort, on faiſoit auſſi quelquefois, par mépris, l'enterrement d'un homme vivant. En 1523, le Capitaine Frauget, Gouverneur de Fontarabie, ayant rendu honteuſement cette place aux Eſpagnols, fut condamné à être dégradé de nobleſſe. On l'arma de pied en cap ; on le fit monter ſur un échaffaut où douze Prêtres, aſſis & en ſurplis, commencerent à chanter *les vigiles des morts*, après qu'on

*Gallia Chri-
ſi. T 7.
col. 154.*

*Pierre de
Beloy.*

lui eut lû la fentence qui le décla-
roit traître, déloyal, vilain & *foy-*
mentie. A la fin de chaque Pfeaume,
ils faifoient une paufe pendant laquelle
un Hérault d'Armes le dépouilloit
de quelque piéce de fon armure, en
criant à haute voix, *ceci eft le cafque*
du lâche, ceci fon corfelet, ceci fon bou-
clier &c. Lorfque le dernier Pfeaume
fut achevé, on lui renverfa fur la tête
un baffin d'eau chaude; on le defcendit
enfuite de l'échaffaut avec une corde
qu'on lui paffa fous les aiffelles ; on
le mit fur une claïe; on le couvrit
d'un drap mortuaire & on le porta
à l'Eglife où les douze Prêtres l'envi-
ronnerent & lui chanterent fur la tête
le Pfeaume, *Deus laudem meam ne*
tacueris, dans lequel font contenues
plufieurs imprécations contre les traîtres. Enfuite on le laiffa aller & fur-
vivre à fon infamie.

André Fa-
vin.

Le vrai
Théâtre
d'honneur.
P. 572.

K iij

ENCENSEMENS.

Dans l'Eglife Métropolitaine de S. André de Bordeaux, le 18 d'Octobre 1615, aux fiançailles de Madame Elizabeth de France, & de D. Philippe, Prince d'Efpagne, repréfenté par le Duc de Guife, *l'Autel & Monfeigneur le Cardinal de Sourdis furent encenfés, & non le Roi ; difant les Chapelains de Sa Majefté qu'on avoit autrefois empoifonné des Rois par le moyen des encenfemens, & qu'où le Roi eft, on ne doit pas même encenfer l'Autel.*

Le 25 Novembre fuivant, dans la même Cathédrale, au mariage de Louis XIII & d'Anne d'Autriche, l'Evêque de Xaintes officiant, *l'Autel ni le Roi ne furent point encenfés, & dit le fieur de Boulogne, le plus ancien des Chapelains de Sa Majefté, qu'on peut*

*quelquefois encenser le Roi , non de près,
mais de loin.*

A l'entrée de ce même Prince dans la Ville de Troyes , le 25 Janvier 1629 , *Messieurs les Prevôt & Sous-Doyen , à la porte de la Cathédrale,* portoient chacun un encensoir ou le feu étoit sans encens.

Annales de la ville de Troyes. par Hugot Chanoine de S. Etienne. MSS.Biblioth. du Roi.

C H A N C E L I E R s.

Pierre Flote , Chancelier & Garde des Sceaux , combattit vaillamment à la bataille de Courtray en 1302 , & y fut tué.

Dans l'Eglise de Sainte Catherine , rue Coulture Sainte Catherine , le Chancelier d'Orgemont , mort en 1389 , est représenté sur son tombeau, vêtu d'une jacque de mailles , l'épée au côté , & un casque à ses pieds.

En 1452 , à l'entrée du Comte de Dunois dans Bordeaux , *venoit*

MSS Biblio-
th. du Roi.

gentilement entre un chauffecire & un valet qui la conduisoit, une hacquenée blanche toute couverte de velours cramoisi, ayant sur sa croupe un dràp de velours azuré, semé de fleurs de lys d'or ; laquelle hacquenée portoit sur sa selle un coffret aussi couvert de velours azuré & enrichi d'orfévrerie, dans

Bello foreft.
L. 5.

lequel étoient les sceaux du Roi : marchoit ensuite Guillaume Juvenal des Ursins, Chancelier de France, armé d'un corselet d'acier fort riche, & ayant pardessus une casaque de velours cramoisi.

Pierre de la Foreft, après avoir exercé pendant longtems la profession d'Avocat, fut Evêque de Tournai en 1349 ; Chancelier de France la même année ; Evêque de Paris l'année suivante ; Archevêque de Rouen en 1352, & Cardinal en 1356. Les gages de Chancelier

étoient alors de deux mille francs ;
il voulut les toucher ; la Chambre
des Comptes refusa de passer en
compte sa quitance, parce qu'il étoit
Evêque & que dans ces temps là les
ordonnances Royaux portoient que
les Prélats qui avoient des charges
& offices à la Cour, étoient censés
suffisamment payés par le revenu de
leurs bénéfices. En 1354, cet Evêque, cet Archevêque, ce Chancelier
acheta la Terre & Chatellenie de la
Loupelande dans le pays du Maine ;
comme c'étoit un fief noble, & qu'a-
lors les fiefs nobles ne pouvoient être
possédés que par les personnes qui
l'étoient, il fut obligé de demander
des lettres d'anoblissement. La Roque
observe dans son Traité de la Noblesse, que les Prélats, combatant sans
cesse pour nous contre le Prince des
ténébres, doivent jouir aujourd'hui

de la Nobleſſe perſonnelle, de même qu'en jouiſſent tous les Officiers qui ne ſont pas nés Gentilshommes, mais qui combatent pour la défenſe de la patrie.

Le Chancelier du Prat, devenu veuf, ſe fit d'Egliſe pour s'enrichir ; il fut Evêque de Gap, de Valence, de Meaux, d'Albi, Archevêque de Sens, & Cardinal. Quelques Hiſtoriens prétendent qu'après la mort de Clément VII, il ſongeoit à ſe faire Pape ; que François I à qui il en parla, lui ayant répondu qu'il en couteroit trop, il répliqua qu'il fourniroit quatre cent mille écus ; que François I indigné, envoya prendre le lendemain ces quatre cent mille écus chez du Prat, & les fit porter à l'Epargne.

Le Chancelier ne porte aucun deuil, parce qu'étant l'homme de l'État, il doit être insensible à toutes affections & afflictions particulieres

Chambre des Comptes.

Les Officiers de cette Chambrs portoient anciennement de grands ciseaux à leur ceinture, pour marquer le pouvoir qu'ils ont de rogner & de retrancher les mauvais emplois dans les comptes qu'on leur présente.

Le Grand Conseil.

A la fin de la derniere audiance avant les jours gras, celui qui préside se leve, va à la table du Greffier, y trouve un cornet & des dez, commence le jeu, & le cornet passe ensuite successivement aux Conseillers, aux Avocats, aux Procureurs, aux Huissiers, & même aux laquais qui continuent de jouer jusqu'à la nuit. J'ai

K vi

demandé l'origine de cet usage à plusieurs Avocats & Conseillers du Grand
Conseil ; ils m'ont dit qu'ils croyoient
que sous le regne de Henri II, le
Parlement ayant fait publier & afficher un Arrêt qui défendoit les jeux
de hazard, le Grand Conseil imagina
cette séance de jeu, pour montrer
qu'il ne connoît point les Arrêts du
Parlement & qu'il n'est pas obligé de
s'y conformer. Cette raison ne m'a
point satisfait & ne satisfera, je crois,
personne : car enfin les suites ordi-
naires du jeu sont tout aumoins aussi
dangereuses que les desordres que
peuvent occasionner les lieux de pros-
titution publique ; or il n'y a pas
encore deux cent ans qu'à la Cour,
à Paris, & dans toutes les grandes
Villes du Royaume, les lieux de pros-
titution publique étoient tolerés &
sous la protection des loix ; si le

Parlement avoit fait publier & afficher un Arrêt pour les abolir, certainement des Juges aussi respectables que le sont Messieurs du Grand Conseil, n'auroient pas prétendu en conserver un dans l'enceinte du Palais où ils rendent la justice ; ils n'auroient pas affecté d'y aller en corps à certain jour marqué : voici donc mon idée : nos Rois avoient des fous en titre d'offices & qui étant couchés sur l'Etat de leur maison , avoient leurs causes commises à la Prevôté de l'Hôtel, & par appel au Grand Conseil ; ces fous, pour se divertir , pour divertir les autres , ou autrement, se faisoient des procès dont le Grand Conseil renvoyoit aparemment la plaidoierie aux jours du carnaval, de même que l'on plaidoit & que l'on plaide encore , je crois, ces jours là une *cause grasse* au Châtelet & au Parlement : le Préfident du Grand Confeil, après avoir oüi les Avocats', demandoit un cornet & des dez pour décider des affaires ordinairement ridicules. Voilà ma conjecture : j'avoue en même-temps qu'elle n'eft apuyée fur aucune preuve.

FOIRES.

Il y a quatre Foires dans Paris ; la Foire S. Germain, la Foire S. Laurent, la Foire du Temple & la Foire des Jambons au Parvis de Notre-Dame ; elles apartiennent toutes les quatre à des Eccléfiaftiques. Les deux premieres, étant ouvertes pendant quelques femaines, ont attiré de tout temps beaucoup de farceurs, de bateleurs, de danfeurs de corde, de marionettes &c.

Dans des aveus & dénombremens faits en 1376, & autres années, le Seigneur de Béthifi déclare à Blanche de France, veuve de Philippe d'Orléans, *que les femmes publiques qui viennent à Bethifi, pendant la Foire, lui doivent quatre deniers Parifis, & que ce droit lui avoit valu autrefois dix fols Parifis tous les ans, mais qu'il ne lui valoit plus que cinq fols, à caufe qu'il n'y en venoit plus tant.*

Sauval. T. 2. p. 461.

SUITES FUNESTES DE LA FORME DU GOUVERNEMENT SOUS LA TROISIÉME RACE JUSQU'A LOUIS XI.

Quelques Auteurs à fyftême exaltent beaucoup le gouvernement féodal ; on peut juger de la juftefſe de leurs idées, par les diffentions continuelles & les guerres que cette forme de gouvernement occafionna. J'ai dit au commencement de ces Effais, que mon principal objet étoit

Voyez pp. 121, 122, 123, & 124 *de ces Effais.* T. 2.

de faire connoître les anciennes coutumes , les ufages , & furtout les mœurs & le fond du caractere des François. Jufqu'ici je les ai peints entr'eux & dans la vie civile : à préfent on va les voir à la guerre , & dans une guerre de près de trois cent ans contre un ennemi qu'ils chafferent enfin , mais dont ils ne vaincront jamais la haine & l'orgueilleufe envie. Cette partie fi confidérable de notre hiftoire , n'a jamais été particulierement traitée ; j'ai cru que le lecteur me fauroit gré de lui préfenter de fuite , & fous un même coup d'œil, des événemens qui ont une intime liaifon les uns avec les autres , & dont le fil eft fans ceffe interrompu, dans l'hiftoire générale , par d'autres événemens qui leur font étrangers. On fera en même-temps étonné des fautes que la pareffe , l'inatention , &

des guides très-suspects, ont fait faire à nos Historiens ; elles attaquoient l'honneur & la gloire de la nation. J'ai travaillé avec soin ; j'ai dit la vérité ; je cite sans cesse les historiens Anglois même ; je ne suis que narrateur ; les faits déposent. On verra que Rapin de Thoiras avec beaucoup de talent pour écrire l'histoire, l'altere souvent, ou la déguise. A l'égard de la collection des actes publics d'Angleterre par Thomas Rymer, il n'y a qu'à les parcourir pour être convaincu qu'il a mis beaucoup de piéces à l'écart.

Guerres entre la France & l'Angleterre.

ROLLON étoit un des chefs de ces bandes de Normands qui ravagerent la France sous la seconde race ; Charles le simple en 911, lui ceda la Neustrie, appellée depuis Normandie, pour la tenir comme fief relevant de la Couronne : à l'égard de la fuzeraineté fur la Haute - Bretagne qu'il obtint auſſi, à ce qu'on prétend, c'étoit lui donner un titre à conquérir, & l'on ne fut pas fans doute fâché de le mettre aux priſes avec les Bretons. Il regna avec beaucoup d'équité ; il eſt vrai qu'à l'heure de la mort, flotant toujours entre l'idolâtrie & le chriſtianiſme qu'il avoit embraſſé, il légua cent livres d'or pur aux principales Egliſes de Normandie, & fit en même temps couper la tête à cent de ſes anciens captifs en l'honneur des Dieux du pays de ſa naiſſance ; mais aparemment que tout le monde fut content, & que cette précaution ne parut aux Moines de ce temps-là qu'une fineſſe de Normand, puiſqu'ils lui ont donné, dans leurs annales & leurs chroniques, le titre de Prince très-dévot & très-pieux. Il eut pour succeffeur fon fils Guillaume *longue épée* ; à Guillaume *longue épée* succéda Richard *fans peur* ; à Richard *fans peur*, Richard *le bon* ; à Richard *le bon*, Richard III ; à Richard III, Robert fon frere dit *le diable*, qui ne fe maria point, & qui deftina pour fon héritier un enfant qu'il avoit eu de la fille (1) d'un Pelletier de Falaife. Il l'amena à Paris ; Henri I qui lui avoit des obligations, voulut bien donner à cet enfant l'inveftiture de la Normandie, & fe chargea de veiller fur fon éducation : Robert partit quelque temps après pour un pelerinage à Jérufalem, & mourut

---

(1) Elle s'appelloit *Harlotte* : ce mot en Anglois fignifie *fille de joie*. Elle danfoit dans la rue lorfque le Duc qui la regardoit d'une fenêtre, la fit apeller.

en revenant à Nicée en Bithinie. Le jeune Guillaume qu'on avoit surnommé *le batard*, devint un grand Prince, & mérita dans la suite le surnom de *conquerant*. Il prétendit que S. Edouard *le confesseur* l'avoit désigné pour lui succeder au trône d'Angleterre : si l'on en croit la plupart des Historiens , S. Edouard avoit fait vœu de chasteté, & n'avoit épousé une des plus belles personnes de son Royaume que pour mieux exercer cette vertu par une tentation continuelle : il est bien singulier qu'un Prince qui s'étoit privé par un pareil motif du plaisir d'avoir des enfans , jettât les yeux précisément sur un batard pour en faire son héritier. Guillaume reçut du Pape un étendard béni , un cheveu de saint Pierre , & une Bulle d'excommunication contre quiconque s'opposeroit à son

Larrey. hist.
d'Anglet.
T. 1. p. 211.

entreprife. Les Comtes de Bretagne & de Flandres l'aiderent de troupes & d'argent, & une partie de la Nobleffe de Normandie le fuivit. Il s'embarqua vers la fin de Septembre 1066 au port de S. Valeri, aborda fur les côtes de Suffex, conquit l'Angleterre par une feule bataille, traita d'abord les Anglois *Guielm.* avec beaucoup de douceur ; mais il *Piftav.* crut bientôt reconnoître qu'un Roi ne pouvoit jamais efperer de s'en faire aimer, parce qu'une mélancolie naturelle les rendoit inquiets & toujours mécontens ; il réfléchit fur la facilité qu'il avoit trouvée à les conquérir, & fe perfuada que tout autre les auroit conquis auffi aifément ; qu'ils avoient moins de force que d'âpreté dans l'efprit ; plus d'arrogance que d'élévation dans l'ame ; que leur courage tenoit moins à la

vraïe valeur qu'à la préfomptueufe ru-
deffe de leur caractere ; que leur orgueil étoit étonné quand ils voyoient
qu'on ne les craignoit point ; qu'a-
lors ils commençoient à craindre,
& qu'il falloit donc paroître ne pas
même les eftimer affez pour les traiter avec févérité. Il ne daigna donc
plus punir leurs révoltes par des
fuplices & l'effufion de leur fang ;
il fe contenta de les accabler d'impôts , & de leur faire effuyer de
temps en temps quelques uns de
ces caprices d'autorité , d'autant
plus humilians qu'ils marquent à
une nation le peu de cas qu'on fait
d'elle. Ils s'en vangeoient d'une façon lâche ; *il ne fe paffoit prefque
point de jour,* dit Rapin de Toiras,
*qu'on ne trouvât dans les bois ou dans les
grands chemins, des Normands affaffinés,
fans qu'il fut poffible de découvrir les*

Hift. d'An-
gleterre, T.
2. p. 27 &
28.

auteurs de ces meurtres, tant les Anglois se favorisoient les uns les autres. Guillaume *le conquérant* laissa trois fils, Robert, Guillaume dit *le roux*, & Henri : jamais cœur ne fut plus franc, plus généreux, plus humain (1) que celui de Robert ; jamais Prince n'en eut un plus dur & plus feroce que Guillaume : leur pere regla leurs partages sur la difference de leurs caracteres ; il haïssoit les Anglois, il leur destina Guillaume, quoiqu'il ne fut que le cadet ; il aimoit les Normands, il donna la Normandie à Robert.

---

(1) Ayant été blessé d'une flêche empoisonnée, les Médecins lui déclarerent qu'il ne pouvoit guérir qu'en faisant promptement succer sa blessure : *mourons donc, dit-il ; je ne serai jamais assez cruel & assez injuste pour souffrir que quelqu'un s'expose à mourir pour moi.* La Princesse Sybille, sa femme, prit le temps de son sommeil, suça sa plaie & perdit la vie en la sauvant à son mari.

Guillaume *le roux* , tué par mégarde à la chaffe le treiziéme année
de fon regne , ne laiffa point d'enfans ; Henri fon frere cadet , s'empara de fon trône ; le bon Duc
Robert à qui il apartenoit , avoit pris
la croix , & par fa valeur avoit même
beaucoup contribué à la prife de Jérufalem ; il voulut à fon retour revendiquer fes droits ; mais fa facile
bonté les lui fit bientôt abandonner.
Henri loin d'être touché de recon-
noiffance , l'attaqua quelques années
après , & l'ayant vaincu dans une
bataille , envahit la Normandie , l'envoya prifonnier au Château de Car-
diff & lui fit perdre la vue en lui faifant paffer devant les yeux un baffin de cuivre ardent. Telle fut la de-
ftinée du malheureux Robert ! quinze
ou feize ans auparavant , ce même
Henri qu'il tenoit affiegé dans le

Mont

Mont S. Michel, y manquant d'eau, & lui en ayant fait demander, il lui en envoya avec un tonneau de vin, & répondit à Guillaume le Roux qui se mocquoit de cette générosité, *eh quoi, quelque tort que notre frere ait avec nous, devons nous souhaiter qu'il meure de soif ? Il s'y obstineroit peut-être, plutôt que de se rendre. Nous pouvons dans la suite avoir besoin d'un frere ; où en retrouverons-nous un autre, quand nous aurons perdu celui-ci ?*

La politique seule auroit dû déterminer Philippe I qui regnoit alors en France, à s'opposer aux progrès de l'Anglois ; mais malheureusement sa concubine Bertrade s'étoit laissée gagner aux présens de Henri : je me sers du mot de concubine, parce que l'indolent Philippe n'avoit ni le cœur ni l'esprit assez délicat pour se faire l'idée d'une Maitreſſe, & qu'il épouſa cette Bertrade par habitude, à peu près comme ſe marioient la plûpart des Chanoines & des Curés de ce temps là.

Louis le gros, ſon ſucceſſeur, entreprit de faire rendre la Normandie à Guillaume *Cliton*, fils de l'infortuné Robert. Henri pour ſe ſoutenir dans ſon uſurpation, paſſa la mer avec des troupes Angloiſes : il eſt aiſé de juger de quel côté étoit le bon droit. Les deux Fois ſe rencontrerent auprès de Giſors ; Louis le gros fit propoſer à Henri de terminer cette guerre par un combat ſingulier : *les deux armées aplaudiſſoient à ce deffi ; mais Henri loin de l'accepter, n'y répondit que par des railleries ; on en vint à une bataille où les Anglois furent défaits.* La fortune leur fut plus favorable dans une autre occaſion ;

les François essuyerent un échec près
d'Andeli. Guillaume *Cliton* fut dans
la suite tué devant la ville d'Aloſt en
Flandres ; Henri par cette mort étant
devenu l'héritier de ſon frere Robert
qui étoit aveugle & qu'il tenoit toujours en priſon, Louis le gros conſentit enfin à lui donner l'inveſtiture
de la Normandie, & à le recevoir à
la foi & hommage.

Parmi les chartres recueillies par
Thomas Rymer, on trouve un acte
de convention qui fait voir combien
nos Rois étoient ordinairement mal
ſecourus par leurs grands vaſſaux :
cet acte porte que moyennant une
penſion de quatre cent marcs d'argent que le Roi d'Angleterre promet
de payer tous les ans à Robert Comte
de Flandres, *ledit Comte a fait ſer-*
ment de deſfendre contre tous les hommes
qui peuvent naitre ou mourir, la vie, la

Rymer.
acta publi a
reg. Anglia
T. I. p. 2.
p. 7.

liberté & tous les membres de Henri Roi
d'Angleterre , & de l'aider à conserver
son Royaume , sauf la foi que ledit Comte
a promise à Louis Roi de France ; ensorte que si ledit Roi Louis veut attaquer le Royaume d'Angleterre , lui Robert Comte de Flandres tachera par conseils & prieres de l'en empêcher ; & si
ledit Roi Louis s'obstine à passer en Angleterre & emmene avec lui ledit Comte ,
alors ledit Comte ne menera audit Roi
Louis que le moins d'hommes qu'il pourra , & cependant de façon que ledit Roi
de France ne soit pas en droit (1) de lui
ôter son fief.

Louis le jeune , successeur de
Louis le gros , répudia * Leonór
d'Aquitaine , & lui rendit sa dot
quoiqu'il en eut eu deux filles. Elle

* Eleonore, Leonor, ou Alienor, c'est le même nom.

______

(1) *Ita tamen ne inde feodum suum erga regem Franciæ foris faciat.*

se remaria peu de temps après avec Henri II fils de Geoffroy Comte d'Anjou & de Matilde fille de Henri I Roi d'Angleterre ; ainsi du côté de son pere, Henri II eut l'Anjou, la Touraine & le Maine ; du côté de sa mere, il eut l'Angleterre & la Normandie, & par la dot que lui porta Leonor d'Aquitaine, il joignit à toutes ces possessions, le Poitou & toute la Guyenne jusqu'aux Pyrénées ; il se vit encore dans la suite maitre de la Bretagne par le mariage de son fils Geoffroy avec l'héritiere de ce Comté.

L'imprudent Louis le jeune ne pouvoit qu'être effrayé à la vue d'un vassal qui possédoit plus de la moitié du Royaume, & qui n'étoit pas moins à craindre par ses intrigues secretes, que lorsqu'il attaquoit ouvertement & à la tête d'une armée :

l'Irlande en étoit une preuve ; il l'avoit subjuguée sans sieges, sans combats, sans y avoir aucun droit, & uniquement par ses sourdes pratiques & son adresse à semer la discorde entre les petits souverains qui la gouvernoient. Il disoit ordinairement *que le monde entier suffisoit à peine à un grand homme* : c'étoit se déclarer un ennemi public. Heureusement les embarras que lui suscita Leonor d'Aquitaine, l'obligerent de mettre un frein à son ambition. Ils vivoient fort mal ensemble, parce qu'il avoit des Maitresses, & que toute femme qui a été galante & qui vieillit, devient presque toujours jalouse d'un mari plus jeune qu'elle. Leonor sçut qu'il étoit éperduement amoureux de Rosemonde de Clifford, & qu'obligé de partir pour l'Irlande, il l'avoit cachée près de Woodstrock dans un petit Palais qu'il avoit fait bâtir & entourer d'un Labyrinthe dont les détours sembloient impénétrables. Elle se fit conduire à Woodstrock, entra dans le Labyrinthe, s'y égara tant de fois & si longtemps qu'elle y passa la nuit ; le lendemain elle en découvrit enfin l'issue, parvint jusqu'à sa rivale, l'empoisonna, & pour achever de se venger de son infidele époux, elle anima & souleva ses enfans contre lui, en leur conseillant de le forcer à leur donner des apanages. Tandis que les deux cadets (Richard & Geoffroy) entrainoient dans leur révolte la Guyenne, l'Anjou & la Bretagne, l'aîné vint à Paris ; Louis le jeune dont il avoit épousé la fille, crut ne rien faire que de juste en écoutant les plaintes de ce jeune Prince contre son pere, & en promettant de lui faire ceder la Normandie, attendu que lorsqu'il lui avoit accordé sa fille, Henri étoit convenu qu'il cederoit cette province à ces jeunes époux pour soutenir leur rang, quand ils auroient atteint un certain âge ; d'ailleurs le pere & le fils étoient ses vassaux, & comme leur Seigneur, il étoit le juge de leurs conventions par raport aux fiefs qu'ils possédoient dans son Royaume. L'activité, le courage & l'habileté du Monarque Anglois, le firent triompher de tous côtés des Ligues qui s'étoient formées contre lui ; mais l'heureux succès de ses armes ne l'éblouit point ; le caractere fougueux & rebelle de ses enfans, & les avantages que la France pouvoit en tirer, l'avoient trop frapé ; ainsi quoique vainqueur, quoiqu'il eut obligé Louis le jeune à lever le siége de Rouen & à retirer ses troupes de la Normandie, il lui fit demander une entrevue, en le priant de n'être pas le protecteur des révoltes de ses fils, mais le médiateur entr'eux & lui. Louis le jeune avoit plus de bonne foi que de politique ; il se mêla de cet accommodement, & la paix se fit.

Un des articles du traité portoit que Richard, second fils de Henri, épouseroit la seconde fille de Louis le jeune, Alix de France ; cette Princesse qui n'avoit que six ans, fut remise à son beau-pere pour être élevée en Angleterre. Lorsqu'elle fut en âge, Richard qui étoit devenu l'ainé, son frere étant mort sans enfans, souhaita de consommer son mariage ; Henri s'y oposa ; Philippe-Auguste qui avoit succedé à Louis le jeune, envoya sommer Henri de

laiſſer accomplir le mariage de ſa
ſœur , ou de la lui renvoyer & de
lui rendre en même temps Giſors &
la partie du Vexin qu'elle avoit eue
en d t. Henri ne voulut ni renvoyer
Alix , ni rendre la dot , ni laiſſer con-
ſommer le mariage ; Philippe indigné , & auquel Richard ſe joignit ,
lui déclara la guerre , le battit partout & le pourſuivit ſi vivement qu'il
l'obligea de demander humblement la
paix. Une des premieres conditions,
de cette paix, fut que Richard qui s'é-
toit croiſé , épouſeroit Alix à ſon retour de la Paleſtine, & qu'en atendant
elle ſeroit remiſe à une des cinq perſonnes qu'il nommeroit. On ne ſça-
voit pas encore que Henri qui retenoit depuis plus de douze ans Leonor
d'Aquitaine dans une étroite priſon ,
étoit devenu amoureux de la jeune
Alix , qu'il l'avoit deshonorée ,

qu'elle étoit groffe , & que c'étoient
là les raifons fecretes de fes refus.
On peut juger de la probité , de
l'honneur & des mœurs de ce Monarque , âgé de cinquante - cinq ans
lorfqu'il commit cette abominable action. Il ne furvêcut que de quelques
jours au Traité qu'il venoit de figner.

Le premier foin de Richard cœur T.2 p.249.
de lion fon fils , à fon avénement à la
couronne d'Angleterre , fut de venir à
Paris rendre hommage à Philippe Au-
gufte , & cette vifite , ajoute Rapin de
Toiras , *lui procura la reftitution des*
Places que Philippe avoit conquifes fur
Henri pendant la dern'ere guerre. Philippe & Richard fembloient unis de Le Gendre.
l'amitié la plus étroite , mangeant &
couchant prefque toujours enfemble ;
ils partirent pour la croifade , commencerent à fe brouiller en Sicile ,
& leurs animofités ne firent qu'aug-

menter pendant le siége d'Acre. Après qu'ils eurent pris cette ville, Philippe considera que leur inimitié les porteroit peut-être tôt ou tard à quelque coup d'éclat aussi funeste pour l'un & pour l'autre, que favorable à Saladin ; qu'ils n'étoient pas même d'accord sur le Roi * qu'ils donneroient aux Chrétiens de l'Orient, lorsqu'ils auroient conquis Jérusalem ; que plusieurs des principaux chefs de son armée étoient morts du flux de sang ; qu'elle dépérissoit tous les jours ; qu'il avoit été lui-même à l'extrémité, & que malgré toute la force de son temperament, il se ressentoit encore des suites d'une maladie que quelques-uns attribuoient au poison, & qui lui avoit fait tomber les cheveux, la barbe, les ongles & les sourcils. Il se détermina donc à revenir en France, mais en partant

* Philippe soutenoit les droits du Marquis de Montferrat : Richard soutenoit ceux de Guy de Lusignan.

il laiſſa dix mille fantaſſins & cinq cent hommes d'armes, ſoudoyés pour trois ans, ſous la conduite du Duc de Bourgogne, lui ordonnant d'obéïr en toute occaſion au Roi d'Angleterre comme à lui-même : *ſelon les apparences, dit Rapin de Toiras, il lui donna des ordres contraires en particulier.* Cet hiſtorien partial n'a pas fait attention que dans la page ſuivante, en parlant de la bataille d'Aſcalon, il rapporte *que le Duc de Bourgogne attaqua avec impétuoſité l'aîle droite des Sarraſins qui ſe battirent en retraite & lui donnerent lieu d'avancer avec plus de réſolution que de prudence, bien au-delà du corps de bataille ; & qu'alors des troupes cachées & qui fondirent tout à coup en très-grand nombre du haut des collines, envelopperent de tous côtés le corps qu'il commandoit, & en firent un grand carnage. Des hommes qui at-*

T.2.p.268. 269&270.

taquent & combattent de la forte, pa-
roiffent - ils avoir eu des ordres fe-
crets de faire échouer les opérations
du général en chef? Le Duc de Bourgogne mourut à Acre du flux de fang;
les François s'embarquerent pour revenir dans leur patrie; les Allemans
& les Italiens étoient déja partis, ne
pouvant plus fupporter les hauteurs
feroces de Richard. D'ailleurs tous
étoient très - perfuadés qu'il n'avoit
pas voulu prendre Jérufalem, & qu'il
avoit fait fecretement avec Saladin
un traité auffi lucratif que honteux;
s'il en tira des fommes immenfes,
comme le prétendent plufieurs hiftoriens, elles ne lui profiterent pas;
il fit naufrage en revenant dans la mer
Adriatique. Il crut que déguifé en pé-
lerin, il pouvoit rifquer de traverfer
les états de Léopold Marquis d'Autriche; mais il fut reconnu & arrêté,

tournant la broche dans la cuisine d'une auberge. Léopold à qui il avoit fait une insulte au siége d'Acre, le vendit à l'Empereur Henri VI qui le retint quinze mois en prison.

Philippe en quittant la Syrie, avoit promis de n'attaquer aucune des possessions de Richard en France que quarante jours après que ce Prince seroit revenu dans ses Etats; il manqua, dit-on, à sa parole, & voulut profiter de l'absence de son ennemi pour attaquer la Normandie : on a vû qu'Alix sœur de Philippe, avoit été fiancée à Richard & qu'elle avoit eu en dot Gisors & une partie du Vexin : lorsque ces deux Princes se brouillerent en Sicile, Richard dit au Comte de Flandres qui tâchoit de les réconcilier, qu'il étoit prêt à faire les premieres démarches, mais *Daniel,* que pour éviter d'avance un nouveau *T. 4. p. 58.*

fujet de rupture, il étoit obligé de déclarer à Philippe qu'il n'épouferoit jamais fa fœur par des raifons qu'il tairoit toujours, mais que Philippe, s'il vouloit abfolument les fçavoir, pourroit apprendre de perfonnes qu'il lui indiqueroit ; Philippe interrogea ces perfonnes qui ne pouvoient pas lui être fufpectes, & fçut qu'Alix avoit eu un enfant de Henri ; il n'infifta donc plus fur le mariage, mais de retour en France, il envoya chercher fa fœur qui étoit toujours demeurée à Rouen ; le Sénéchal de Normandie refufa de la renvoyer : c'eft au lecteur à juger fi Philippe dut être indigné, & fi c'étoit attaquer les états de Richard, en reprenant la dot de cette Princeffe & en marchant à Rouen pour fe la faire rendre. Elle époufa dans la fuite le Comte de Ponthieu.

Rapin de Toiras, T. 2. p. 285.

Philippe montroit des lettres où on lui marquoit que Richard avoit voulu le faire assassiner par les émissaires (1) du *vieux de la Montagne* : Richard accusoit Philippe d'avoir offert des sommes considérables à l'Empereur pour le retenir en prison ; *& ce lion rugissant*, disent les historiens Anglois, *dès qu'il fut libre, ne respira que vengeance.* Que fit ce lion rugissant ? Il remporta deux avantages sur Philippe, & fut battu dans dix autres occasions. Rapin de Toiras

____

(1) Henri Comte de Champagne, contemporain de Philippe Auguste, passant dans les États du Prince *des assassins*, ce Prince lui demanda s'il avoit des sujets aussi obéissans que les siens, & sans attendre sa réponse, il fit signe à trois jeunes gens qui monterent aussitôt au haut d'une Tour très-élevée d'où ils se précipiterent, & se tuerent. Tout le monde sçait que *les assassins* croyoient que la mort à laquelle ils s'exposoient en executant les ordres de leur chef, les conduisoit tout droit en paradis.

Pag. 287. prétend que ces deux Princes voyant que leurs forces étoient trop égales pour que l'un ou l'autre pût espérer de faire de grands progrès dans cette guerre, ils désirerent enfin de faire la paix. Cette égalité de forces méritoit une explication de la part de cet historien; ce qu'il y a de certain, c'est que la Provence & le Dauphiné n'étoient point encore du Royaume de France, & que Richard, outre l'Angleterre & l'Irlande, possedoit la Normandie, le Maine, l'Anjou, la Touraine, une partie du Berri & de l'Auvergne, le Poitou, le Limousin, l'Angoumois, le Perigord, la Saintonge & généralement toute la Guyenne.

Rigord & Guillaume le Breton, historiens contemporains, rapportent que les deux armées étoient en présence près d'Issoudun en Berri ; que tout sembloit annoncer la plus san-

glante bataille, lorfque Richard paf-
fant tout à coup dans le camp de Philippe , & paroiffant touché de tant
de maux que leur haine caufoit à leurs
fujets , lui demanda fon amitié : ces
deux Monarques , ajoutent-ils , s'em-
brafferent & s'affirent à l'écart au pied
d'un vieux arbre ; on les vit quelques
momens après fe lever & mettre l'é-
pée à la main ; on crut qu'ils ve- *Mezeray.*
noient de s'aigrir de nouveau par quelque reproche : c'étoit un ferpent
d'une groffeur monftrueufe qui fortoit de l'arbre , & qu'ils avoient heu-
reufement aperçu prêt à s'élancer fur *Le Gendre.*
eux ; ils le tuerent , continuerent leur
conférence & convinrent d'un traité
par lequel Philippe confentit à ne
conferver des Places qu'il avoit pri-
fes , que Vernon & Evreux, & celles
du Vexin Normand.

Aimar , Vicomte de Limoges ,

ayant trouvé dans ſes terres un tré-
for (1) , Richard prétendit qu'il devoit lui appartenir comme Seigneur
du Limouſin , & alla mettre le ſiége
devant le Château de Chalus où Aimar s'étoit retiré ; il y fut bleſſé &
mourut de ſa bleſſure le 6 Avril
1199. *Son courage qui approchoit,*
dit Rapin de Toiras, *de la férocité,*
lui fit donner le ſurnom de cœur de lion :
les lions ne font pas traîtres ; il l'étoit
avec ſes alliés comme avec ſes ennemis , & de la plus mauvaiſe foi avec
ſes ſujets ; on l'accuſa d'avoir voulu
faire aſſaſſiner Philippe Auguſte , &
d'avoir fait aſſaſſiner le Marquis de
Montferrat : le trait que je vais rap-

T. 1. p. 289.

Ibidem.

(1) On prétend que ce tréſor conſiſtoit
dans une table autour de laquelle étoient
aſſis un Empereur , ſa femme & pluſieurs
enfans ; que ces figures étoient de grandeur naturelle , & que le tout étoit d'or
maſſif.

porter, prouvera, je crois, qu'on pouvoit fans injuſtice le foupçonner de pareils crimes. Jean *fans terre* fon frere, brouillé avec lui, s'étant refugié en France où Philippe lui permettoit d'entretenir un corps de troupes pour fa garde dans la ville d'Evreux, invite un jour à dîner tous les Officiers de la garnifon, les fait égorger à table lorfqu'ils ne penfoient qu'à fe rèjouir, fait expofer leurs têtes toutes fanglantes fur les murailles, & part enfuite pour aller offrir cette Place à fon frere qui le reçut en grace : cette horrible perfidie fut le fceau de leur raccommodement ; mais ils n'en recueillirent que les fruits inféparables des forfaits, l'indignation & la honte ; Philippe à la nouvelle de cette abominable action, marcha fur le champ à Evreux, reprit cette ville d'affaut, l'abandonna à tou-

Larrey.

Philipp.
Liv. 4.

tes les horreurs de la guerre, comme complice du perfide Jean. A l'égard du cartel qu'il avoit en même-temps envoyé à Richard, il fut générale- ment défaprouvé : les François pou- voient-ils permettre que leur Roi hazardât fa perfonne contre un Prince qui venoit de fe deshono- rer en s'affociant à la plus noire trahifon, & qui d'ailleurs étoit fon vaffal ?

Richard étant mort fans enfans, Jean *fans terre* s'empara de fes tréfors, les prodigua pour gagner ceux dont le crédit pouvoit appuyer fes préten- tions, & fe plaça fur un trône où il ne tarda pas à tâcher de s'affermir par un crime. Les droits du jeune Artur fon neveu, Comte de Breta- gne & fils de Geoffroy (1) fon frere

______

(1) Il y avoit près de quatorze ans que Geoffroy cadet de Richard & l'aîné de Jean,

aîné , lui caufoient fans cefle de trop vives allarmes ; il le poignarda , dit-on , de fa propre main dans la Tour de Rouen , après l'avoir fait prifonnier dans un combat. Philippe Augufte étoit Seigneur fuzerain du mort , de l'affaffin , & du lieu où l'affaffinat avoit été commis : les Breton lui demanderent juftice ; il affembla la Cour des *Pairs* ; Jean fut ajourné à comparoître , & la citation lui fut fignifiée à Londres. Il envoya des Ambaffadeurs pour demander un fauf-conduit : *il peut venir* , leur dit Philippe , & fur ce qu'ils demanderent s'il y auroit fureté pour le retour , *cela dépendra* , répondit-il , *du jugement que prononcera la Cour des Pairs.* Jean n'ayant point comparu ,

----

étoit mort ; il avoit époufé Conftance , fille & héritiere de Conan *le petit* , Comte de Bretagne.

fut déclaré rebelle & fauffant la foi qu'il avoit promife à fon Seigneur ; de plus coupable de félonie & de trahifon pour l'attentat commis, dans la Seigneurie de France , fur la per- fonne d'Artur fon neveu , gendre * de fon Souverain , & homme-lige de la couronne ; qu'en conféquence, toutes les Terres & Seigneuries qu'il tenoit dans le Royaume à la charge d'hommage , étoient confifquées , & qu'on en pourfuivroit la reprife de poffeffion par la voie des armes , au- tant que befoin feroit.

* Artur avoit épou- fé une fille de Philip- pe Augufte & d'Agnés deMeranie.

Philippe commença donc par at- taquer la Normandie , en chaffa les Anglois , & portant enfuite fes ar- mes victorieufes dans le Maine , l'Anjou , la Touraine & le Poitou , il remit ces provinces fous l'autorité immédiate de leurs anciens maîtres. Le droit de les réunir à fon domaine ,

fondé

fondé fur celui des loix feoda-
les , étoit légitime , au lieu que le
projet qu'il forma quelques années
après d'envahir l'Angleterre à la fol-
licitation d'Innocent III , parut très-
injufte. Ce Pape avoit fait élire en fa
préfence Guillaume Langton à l'Archevêché de Cantorberi ; Jean foute-
nant les droits de fa couronne , pro-
tefta contre cette election faite hors
du Royaume , & d'ailleurs extor-
quée , difoit-il, en faveur d'un fujet
qui ne pouvoit que lui être défa-
gréable ; Innocent III le traita de
rebelle à l'Eglife , l'excommunia ,
delia fes fujets du ferment de fidelité , déclara fon trône vacant , &
promit à Philippe Augufte la rémif-
fion de tous fes péchés , s'il vouloit
attaquer l'Angleterre & unir ce
Royaume à la France. Philippe af-
fembla la Cour des Pairs qui lui dé- *Le Gendre.*

Tome II. M

clara nettement que la conduite du Pape offenſoit tous les Souverains ; qu'il ne pouvoit ôter ni donner les couronnes , & qu'il ſeroit auſſi honteux que dangereux d'en recevoir une de ſa main. Philippe haïſſoit trop le Roi d'Angleterre pour ſuivre de ſi ſages conſeils ; d'ailleurs il étoit obſedé par le Cardinal Pandolphe , Legat du S. Siege , qui le flatoit , l'aduloit , l'apelloit *le pieux & redoutable champion de S. Pierre* , & lui préſentoit ſans ceſſe le tableau de l'Angleterre conquiſe , & de Jean ſon ennemi renverſé du trône. Lorſque l'armement fut prêt , ce Cardinal ſous prétexte d'aller par ſa préſence & ſes diſcours , achever d'échauffer les eſprits contre un excommunié , paſſa à Douvres où Jean aſſembloit des troupes ; il lui fit demander une audience , & l'abordant avec l'air triste & benin d'un Ministre de paix qui gémit & voudroit écarter l'orage : *Vous êtes perdu*, lui dit-il ; *une partie de votre noblesse traite avec Philippe ; il va mettre à la voile à la tête d'une armée formidable ; la votre vous abandonnera, & vos Barons seront peut-être les premiers à vous faire tomber entre les mains des François.* Jean ne pouvoit pas ignorer qu'il avoit entierement aliéné l'affection de son peuple, & ces avis étoient si conformes à ceux qu'il recevoit de tous côtés, qu'il ne fut pas difficile à l'artificieux Légat de s'appercevoir de son trouble, & de l'amener à lui demander des conseils, en augmentant ses frayeurs. Les caracteres arrogans deviennent les plus foibles au moindre revers : ce Prince jura & fit jurer pour lui, *& sur son ame*, seize de ses Barons, qu'il se soumettroit à tout ce qu'exigeoit le Saint Siége ; & quelques femaines après, en exécution d'un des plus finguliers & des plus honteux traités qu'ait jamais fait une tête couronnée , il se rendit dans la principale Eglife de Douvres , accompagné de Seigneurs , & d'Officiers de son armée , & là , en préfence d'un peuple nombreux , il déclara que de fa franche & libre volonté , & de l'avis de fes Barons , pour expier les fautes qu'il avoit commifes contre les Miniftres du Seigneur (1), il se reconnoiffoit déformais vaffal du

---

(1) Il avoit maltraité les Eccléfiaftiques qui s'étoient le plus hautement déclarés pour le Pape , entr'autres l'Archidiacre de Norwick ; il le fit mettre en prifon , & l'obligeoit de porter une chape de plomb qu'il avoit fait faire exprès ; ce pauvre Archidiacre , au bout de quelques femaines , fuccomba fous la fatigue du poids de cet étrange vêtement.

S. Siege, & s'obligeoit , en cette qualité, de lui payer tous les ans une redevance de mille marcs , ſçavoir ſept cent pour l'Angleterre & trois cent pour l'Irlande ; enſuite il ôta la couronne de deſſus ſa tête, la mit aux pieds du Légat comme repréſentant le Pape , lui rendit hommage & lui préſenta quelques piéces d'or pour arrhes du tribut auquel il ſe ſoumettoit ; Pandolphe foula l'or aux pieds, emporta le ſceptre & la couronne , & ne les rendit qu'au bout de cinq jours à ce vil Monarque.

Cependant l'armée Françoiſe n'attendoit que le retour de ce Cardinal pour mettre à la voile. Il revint , ſe préſenta hardiment devant Philippe , lui dit qu'il falloit congédier ſes troupes & ne plus penſer à la conquête de l'Angleterre ; que Dieu avoit changé le cœur de Jean ; que ce n'étoit plus un Prince rebelle à l'Eglise, un *satan endurci*, mais *une ouaille benigne & devote* ; que le Pape comme un pere toujours clément & miféricordieux , lui ayant tendu les bras , ne pourroit pas fe difpenfer de le couvrir de fon aîle apoftolique , & de lancer fes foudres fur quiconque oferoit attaquer ce fils repentant & dont les Etats faifoient déformais partie du patrimoine de Saint Pierre. Philippe auffi furpris qu'indigné d'un pareil difcours, lui répondit, qu'après l'avoir engagé par les motifs les plus faints dans des frais immenfes pour un armement par terre & par mer, il étoit bien étrange que le Pape prétendit tout à coup lui lier les mains, & qu'il osât jouer un Roi de France & en même-temps le menaçer : *il n'eft pas auffi aifé* , ajouta-t il, *de me faire la loi que de me tromper ; retirez-vous.*

Il auroit fans doute pourfuivi fon entreprife ; il y auroit eu trop de honte à s'en défifter ; mais les avis qu'il reçut d'une ligue qui fe formoit contre lui dans les Pays-Bas , l'obligerent de porter fes armes de ce côté. L'Empereur Othon I V , plufieurs Princes d'Allemagne , les Ducs de Lorraine , de Brabant & de Limbourg , les Comtes de Hollande , de Namur , de Boulogne & de Flandres , fe préparoient à l'attaquer. Le Comte de Salifburi les joignit , après avoir furpris , brulé , coulé à fond ou difperfé prefque toute notre flotte dont les Officiers étoient allés fe di- *Larrey.* vertir à terre. Les conféderés , dit un hiftorien contemporain , fiers de *Rigord.* leur nombre & de ce commencement de fuccès , avoient déja fait entr'eux le partage de la France ; leur armée groffiffoit tous les jours ; elle étoit ,

M iv

avec les troupes Angloifes , de près de cent cinquante mille hommes ; Philippe qui n'en avoit que cinquante mille , terraffa leur orgueil à Bouvines : jamais victoire ne fut plus complette ni plus glorieufe.

Tandis que nos forces fembloient occupées en Flandres , le Roi d'Angleterre avoit fait une defcente à la Rochelle. Après s'être rendu maître de plufieurs places dans le Poitou *Vignier.* & dans l'Anjou , il avoit affiegé la *Roche aux Moines* ; mais à l'approche du jeune Louis fils de Philippe , il leva ce fiége avec tant de précipita- *Guielm.* tion qu'il y laiffa fes tentes , fes ma- *Brito.L.10.* lades , toutes fes machines de guerre & fes gros bagages. On prétend qu'il fit ce jour - là dix - huit lieues tout d'une traite ; fon arriere-garde (1) fut

______

(1) *Infra unius menfis fpatium , filius in pictoniâ de rege Anglia & pictonibus fine*

taillée en piéces. *Malgré cet échec,* dit Rapin de Toiras, *il avoit encore* T. 2. p. 342. *affez de troupes pour efperer un heureux fuccès dans cette guerre, fi elle eut continuè; mais la victoire que Philippe venoit de remporter à Bouvines, lui faifant craindre que tout le fardeau ne tombât fur lui, il demanda une trêve par l'entremife du Pape. Quoique Mezerai affure, ajoute-t-il, que ce ne fut qu'aux preffantes inftances du fouverain Pontife que Philippe accorda cette trêve, on peut cependant préfumer qu'il n'eut pas beaucoup de peine à y confentir; en effet il ne pouvoit rien fouhaiter de plus avantageux que de voir repaffer la mer aux Anglois, puifqu'il n'avoit que peu de chofe à gagner fur eux, & qu'au contraire il avoit beaucoup à perdre.* La

conflictu, pater in flandria de Othone & flandrenfibus, triumphavit. Rigord. Guiel. Brit. Liv. I.

M v

partialité peut-elle féduire un hiftorien au point de faire de pareils rai-
fonnemens ? Jean avoit fui devant
Louis qui n'avoit que fept mille hommes d'Infanterie & deux mille chevaux ; les Seigneurs Poiteviñs qui
avoient favorifé fa defcente à la Rochelle, l'avoient abandonné ; fes troupes étoient mécontentes & découra-
gées ; la Ligue fur laquelle il fon-
doit toutes fes efpérances , venoit
d'être écrafée en Flandres ; n'ofant
paroître en campagne , il fe tenoit
renfermé dans Parthenay * ; Philippe
alloit l'attaquer avec une armée vic-
torieufe ; il étoit prefqu'impoffible
qu'il échappât ; mais Philippe qui pa-
roiffoit quelquefois méprifer les menaces de Rome , connoiffoit cependant trop bien les effets de la maladie
épidémique dont les efprits de ce
temps-là étoient agités à la moindre

* Ville du
Poitou.

excommunication, pour n'avoir pas de très grandes déférences pour le Pape : il ne le prouva que trop dans la suite ; d'ailleurs il aimoît l'argent ; il céda donc aux vives follicitations de Sa Sainteté, & à l'appas des fommes confidérables qu'on lui offroit ; foixante mille livres fterling qui lui furent payées comptant, le firent confentir à une trêve, lorfqu'il pouvoit très - aifément chaffer les Anglois de la Guyenne & de tout ce qu'ils poffédoient encore en deça de la mer. Il eut été bien plus prudent & bien moins chimérique de s'attacher à cette conquête, que d'accepter, comme il fit deux ans après, la couronne d'Angleterre pour fon fils.

Le regne d'un Prince foible & méprifable procure quelquefois un bien : le peuple reprend fes droits & fes franchifes qui ne font que trop

Rigord. p 66. Duchefne, T. 5.

Larrey.

M vj

souvent de nulle confidération fous les regnes glorieux & pleins de fuccès : la nobleffe Angloife profita du mépris général où Jean étoit tombé, pour l'obliger de renouveller & de confirmer, par un nouveau ferment, les priviléges dont elle avoit joui fous les Rois Saxons , & dans lefquels Henri I l'avoit rétablie par la fameufe charte des *communes libertés*. A peine Jean eut-il figné cette charte, que pour fe mettre en état de la révoquer, il fit enrôler, le plus fecretement qu'il lui fut poffible, en Hollande, en Flandres, dans la Guyenne & dans le Poitou , toutes fortes de bandits & de fcélérats dont il alla recevoir les différentes troupes à Douvres ; il leur promit une partie des dépouilles de fa nobleffe, & commença par faccager les terres des principaux Seigneurs de la façon la plus barbàre. Le Pape quelques années auparavant, parce que ce Prince ne vouloit pas recevoir de sa main un Archevêque de Cantorberi, l'avoit excommunié, l avoit déclaré indigne du thrône, & avoit delié ses sujets du serment de fidélité : ce même Pape le délia avec la même facilité de tous les sermens qu'il avoit faits à ses sujets, & les excommunia parce qu'ils vouloient défendre leur vie, leurs biens & *leurs libertés* : c'étoit toujours Innocent III, ce Pontife si hardi, si violent, si dur, *mais qui devenoit* (1) *de cire à la vûe de l'or*, dit le moine Mathieu Paris. Lorsqu'il apprit par ses Légats que Louis * avoit accepté la couronne d'Angleterre, il monta en chaire, & tenant une épée, *glaive*,

* Depuis Louis VIII.

____

(1) *Ad omnia scelera pro præmiis datis cereus.* Pag. 327.

Le P. Daniel.
Mezeray.

Jean de Serres.
André Duchesne.

glaive, dit-il, *sors du fourreau, éguise-toi pour tuer & pour briller* : ce n'étoit pas ainsi que prêchoient les Apôtres ; il finit ce sermon *par faire jouer toute son artillerie & tuer l'ame de Louis & celle de Philippe en ricochet, s'il laissoit partir son fils.* Mezerai dit *que ces foudres, quand elles sont injustes, ne sont que des foudres de Salmonée ;* Philippe n'osa pas se flatter que les Eccléfiastiques de son Royaume les regarderoient comme telles ; il ne donna que secretement des secours pour faire réussir l'entreprise ; il la blâmoit publiquement : *Monsieur,* lui dit Louis qu'il feignoit de vouloir retenir, *je suis votre homme-lige pour les fiefs que vous m'avez donnés en France, mais il ne vous appartient pas de décider touchant le thrône d'Angleterre, & si vous entreprenez de me faire quelque violence à cet égard, je me pourvoirai de-*

vant la Cour des Pairs ; elle a entendu
comme vous ce qu'ont dit les députés
qui font venus m'offrir ce thrône de la
part des Barons & de la Nobleſſe ; mes
droits font inconteſtables , & je les fou-
tiendrai juſqu'à la mort. Ces députés
avoient dit que Jean n'avoit obtenu
la couronne que par élection ; qu'il
l'avoit publiquement abdiquée ; qu'il
étoit vrai que le Pape la lui avoit ren-
due au bout de cinq jours , mais que
le Pape n'avoit pû rendre ce que Jean
n'avoit pû donner ; que ce Prince à
fon couronnement avoit promis d'ob-
ferver inviolablement la charte de
leurs *libertés* ; qu'ils ne l'avoient reconnu pour Roi qu'à cette condition ;
que loin de tenir fa parole , il avoit
fait venir des troupes étrangeres pour
mettre la nation dans les fers ; qu'en
violant fes fermens , il les avoit dé-
liés de ceux qu'ils lui avoient faits ;

qu'un Roi , & furtout quand il ne l'étoit que par élection , fe rendoit coupable comme un autre homme , dès qu'il devenoit traître à la patrie ; qu'il n'y avoit point de plus haute trahifon , que d'avoir voulu jetter une noblefſe libre dans l'efclavage , & la rendre tributaire d'un Prince * étranger ; que fous les Rois Saxons , & depuis Guillaume le conquerant , il y avoit plufieurs exemples qu'on n'avoit pas fuivi l'ordre de la fuccef-fion ; que le difcours de l'Archevê-que de Cantorberi lors de l'élection de Jean au préjudice d'Artur , en étoit une preuve : *s'il fe trouve* , avoit dit ce Prélat , *quelqu'un de la famille du dernier Roi , qui furpaffe les autres en excellence , nous ne devons pas faire difficulté de nous foumettre à fa domina-tion ;* que le Prince Louis étoit non-feulement un des plus proches hé-

* Le Pape.

Mathieu Paris. pag. 264.

Rapin de Toiras. T. 2. p. 295. 296.

ritiers par la Princesse Blanche sa femme, fille d'Eléonor sœur de Richard *cœur de lion* mort sans enfans, mais qu'il étoit encore le seul en état de les secourir ; qu'ils venoient donc le prier d'accepter une couronne qu'ils avoient autrefois confiée à Jean, & qui étoit vacante , indépendamment de tous leurs griefs , depuis l'abdication solemnelle qu'en avoit fait cet indigne Prince. Telles étoient les raisons qu'avoient alléguées les Députés de la noblesse d'Angleterre : tous nos historiens les ont affoiblies & tronquées , parce qu'ils n'ont fait que copier le Moine Anglois Mathieu Paris.

Louis aborda au port de Sandwick le 23 de Mai 1216 , fut couronné dans Londres , y reçut l'hommage des Barons , & celui d'Alexandre I Roi d'Ecosse pour les fiefs

Larrey.

que ce Prince poſſédoit en Angleterre. Jean qui n'avoit pas oſé riſ-
quer une bataille en s'oppoſant au
débarquement des troupes Françoi-
ſes, fuyoit devant elles de province
en province ; il penſa perir avec ſon
armée, en traverſant un marais qui.
ſépare le Comté de Lincoln de celui
de Norfolk ; il y perdit tous ſes bagages & ſes tréſors. Rapin de Toiras
dit que cette perte irréparable dans
les circonſtances où il ſe trouvoit,
T. 2. p. 359. lui cauſa une fiévre violente dont il
mourut au bout de quelques jours,
le 28 d'Octobre 1216. D'autres hiſtoriens raportent qu'étant arrivé
avec beaucoup de peine à l'Abbaye
de Suines-Head ; il y fut empoi-
ſoné par les Moines, parce qu'il
n'étoit plus, diſoient-ils, qu'un Ti-
ran. Quelques années auparavant,
lorſqu'à la tête de troupes étrangeres

il ravageoit de la façon la plus barbare les terres de ſes Barons , Guillaume d'Albinet Gouverneur de Ro-
cheſter & qui s'étoit renfermé dans
le Château avec ſa famille , vit un
Arbalêtrier qui viſoit à ce Prince &
qui alloit le tuer : *Malheureux* , lui
dit-il en détournant le coup , *Songes-*
tu que c'eſt le Roi ! je ſçais que nous
ſommes reduits aux dernieres extrêmités ,
que nous manquons de tout ; que nous
n'avons aucun eſpoir de ſecours ; qu'il va
donner l'aſſaut ; qu'il fut toujours ſans
miſericorde ; qu'il nous fera tous maſſa-
crer , & que ma famille & moi ſerons
les premieres victimes qu'il ſacrifiera à ſon
implacable cruauté ; mais c'eſt le Roi.

On l'avoit ſurnommé Jean *ſans*
erre parce que Henri II ſon pere ne
lui avoit rien deſigné dans un premier partage qu'il fit de ſes États
entre ſes enfans : on raconte que ce

furnom lui fut confirmé après fa mort ; les Moines de Winchefter répandirent parmi le peuple qu'on entendoit un bruit continuel fur fon tombeau, & qu'il en fortoit de temps en temps des cris épouvantables : ils jetterent fon corps dans un champ.

Il laiffa deux fils : Henri le plus âgé, n'avoit que dix ans. La plûpart des Barons commencerent à refléchir qu'en le reconnoiffant pour Roi, il y auroit une minorité : c'eft une perfpective bien flateufe pour des efprits dont l'inquiétude flegmatique aime à fe repaître de nouveaux arrangemens dans l'État, de factions, de brigues & de cabales ; d'ailleurs, dans la fituation où étoient les affaires de ce jeune Prince, chacun efpera de pouvoir fe vendre au prix qu'il voudroit. Ils avoient reçu Louis comme leur Libérateur, & il l'étoit, mais dès qu'on pense à violer ses sermens, on a bientôt imaginé des prétextes pour colorer sa trahison ; il s'étoit defié d'eux, disoient-ils, & leur avoit fait l'injustice & l'affront de donner le gouvernement de quelques Places importantes à des François. Quelques-uns furent assez lâches pour continuer de paroître dans ses intérêts, afin de trouver les occasions de le trahir par de perfides conseils. Le Comte du Perche le leur reprocha au combat de Lincoln où les troupes Françoises, dans la position la plus desavantageuse, se firent hacher en piéces sans pouvoir presque attaquer ni se deffendre. Cette perte fut suivie d'une autre sur Mer : un petit secours qui venoit de Calais, fut battu, *& ce qui contribua le plus à notre victoire*, dit un historien Anglois, *c'est que nous avions sur nos*

Rapin de Toiras ,T. 2. p. 384.

Ibidem. Note.

vaiffeaux une très - grande quantité de chaux vive ; nous la jettions en l'air ; le vent favorable la pouffoit dans les yeux des François & les aveugloit.

Louis fe vit bloqué dans Londres ; *il faut s'en défaire*, crioit une populace arrogante & lâche, *c'eſt un Prince François :* il en eut tout le courage & la dignité ; il avoit connu les Anglois ; il parut moins irrité de s'en voir indignement abandonné, qu'empreffé de les ceder ; il envoya dire au Comte de Pembrock tuteur du jeune Henri & dont l'armée aprochoit, qu'il étoit prêt de traiter, *mais en lui déclarant en même · temps,* dit Rapin Toiras, *qu'il ne confentiroit jamais qu'à une paix honorable & qui mit à couvert de toute pourfuite ceux qui l'avoient apellé en Angleterre.* Ce foin généreux, s'ils ne le méritoient pas, étoit digne de lui. Tous

nos historiens , Mezerai , le Gendre ,
Daniel , &c. ont avancé que ce Prince , par un des articles du Traité ,
promit qu'il tâcheroit d'engager son
pere à restituer toutes les provinces
en deça de la Mer , confisquées sur le
Roi Jean , ou qu'il les rendroit lorsqu'il seroit sur le trône : dans ce
Traité qui contient dix huit articles , *Rymer.acta*
il n'y en a pas un seul qui fasse men- *publica. T.*
tion de cette restitution ; Rapin de *1. p. 74.*
Thoiras & Jean le Clerc convien-
nent que si Louis entra dans un pa- *T. 7.p.385.*
reil engagement , ce ne fut aparem- *Extrait des*
ment que *verbalement* ou par *des arti-* *actespublics*
cles secrets ; ils auroient dû convenir *de Rymer.*
franchement , & comme ils le pen- *p. 668.*
soient , que la prétendue promesse de
cette restitution est un fait indignement & faussement avancé par le
Moine (1) Mathieu Paris , & que

______

(1) Mathieu Paris étoit Anglois & Moine
de S. Alban ; son histore commence à la

loin d'en trouver quelque indice dans les actes d'Angleterre , on y voit des preuves du contraire , puifqu'il n'eft pas douteux que Henri n'auroit pas manqué de parler fouvent de cette promeffe & du manquement de parole , dans les difcuffions qu'il eut dans la fuite avec la France , dans fes déclarations de guerre , ou de trêves , & dans fes plaintes au Pape qui étoit le garand du Traité entre Louis & lui ; or (1) il n'en fait jamais mention.

Acta publica. T. 1. p. 93.

conquête de l'Angleterre par Guillaume *le batard* , & finit en 1259. Henri III fils de Jean *fans terre* , l'honoroit de fon amitié.

(1) Lorfque la Reine blanche aprit que S. Louis , fon fils , étoit prifonnier des Sarrafins , elle écrivit à Henri qui avoit auffi pris la Croix , pour le folliciter d'accomplir fon vœu & d'aller au fecours des chrétiens : Henri lui récrivit , & à S. Louis , *qu'il pref- feroit fon depart fi on vouloit lui rendre les provinces confifquées fur Jean fans terre fon pere* ; il n'auroit pas manqué d'ajouter , *conformément à la promeffe qui m'en fut faite*

mention. D'ailleurs la lecture seule de ce Traité ôte toute vraisemblance

par *le feu Roi Louis VIII* ; il n'en dit pas un mot ; donc Louis VIII ne s'étoit jamais engagé à cette restitution ni par des articles secrets ni verbalement.

Littera Henrici III Regis Angliæ, Ludovico IX Regi Franciæ.

Requisiti dudum per Litteras vestras quod Anno 1252. *adventum nostrum acceleremus in succursum Terra sancta, recolimus serenitati vestra rescripsisse quod, si Terras nostras per vos & progenitores vestros occupatas freti salubri consilio* A^ta pu- *nobis redderetis, passagium nostrum accelerare-* blica. T. 1. *mus, & personam ⁊ res nostras exponeremus* P. 167. *in obsequium crucifixi ad honoris vestri incrementum. Et licet jam passagium nostrum sit juratum, & certo tempore statutum, idem tamen passagium anticipabimus, potenter nos accingendo ad prædicta Terra succursum, dum tamen occupata prædicta nobis benigne restituatis ; quod vestra Regia dignitati ad salutem cedet perpetuam, & laudem fama temporalis.*

La Reine blanche paroissoit disposée à rendre la Normandie à Henri, mais les Barons François s'y oposerent : si la Reine Regente, disoient-ils, par une affection naturelle à une mere qui desire d'arracher

Tome II.   N

à cette promesse ; Louis n'y parle
point en Prince à qui l'on fait la loi ;
au contraire, il impose des conditions en faveur de ses adherens & de
ses alliez ; il exige qu'on lui payera
les rançons qui lui font dues, & on
le lui promet ; on voit par tous les
articles qu'il sent qu'on doit lui faire
un pont d'or, & en effet, outre cinq

son fils des mains des Sarrasins, veut faire
une pareille chose, elle ne doit pas s'atendre que nous y consentions jamais, & que
nous aprouvions qu'on regarde comme nul
& frivole le jugement des Pairs qui a condamné Jean *sans terre*, & qui l'a justement
privé de la Normandie ; il seroit bien étonnant, ajoutoient-ils, que le Roi même présu-
mât qu'il peut entreprendre de telles cho-
ses sans notre consentement : *absit enim ut* *Mathieu Paris. pp. 558. 604 & 605.*
duodecim parium judicium quo justè abju-
dicatur Rex Anglorum & privatur Norman-
diâ, cassetur & pro frivolo habeatur.....
factum est murmur horribile inter Magnates
francorum, quod sine consensu universalis
Barnagii, talia præsumeret Rex Francia præ-
meditari.

mille marcs d'argent que la ville de Londres lui avoit prêtés, on lui en donna quinze mille, qu'il toucha comptant, à condition qu'il ne reviendroit plus en Angleterre *à mauvais dessein.* Nos historiens toujours paresseux & qui souvent ne font que se copier les uns les autres, n'ont point cherché, ou n'ont pas connu la piece originale ; ils s'en sont raportés imprudemment à Mathieu Paris ; le caractere seul & toute la vie de Louis dit *le lion*, s'ils avoient voulu y refléchir, dépofoient contre le recit du Moine Anglois ; jamais Prince n'eut plus de courage & ne fut plus éloigné de toute action indigne d'un François ; d'ailleurs, *dès qu'il offrit de se retirer*, dit Rapin de Toiras, *le Comte de Pembrock ne balança pas à y consentir, considerant que le Roi de France n'étoit pas si épuisé de*

Mathieu
Paris.
Larrey.

T.2 p.385.

N ij

*troupes & d'argent qu'il ne pût faire en-
core de très-grands efforts pour dégager
le Prince son fils* : cet hiftorien devoit
ajouter que le Roi de France avoit à
Compiegne vingt-cinq otages que les
Barons Anglois lui avoient donnés,
& qui fans doute étoient des plus il-
luftres familles d'Angleterre.

Le jeune Henri immédiatement
après avoir été proclamé Roi par les
Seigneurs de fon parti, avoit rendu
hommage de fa couronne au Pape,
entre les mains du Légat, confir-
mant ainfi le don que fon pere en
avoit fait au S. Siége : voilà pourquoi Sa Sainteté s'intereffoit fi vivement en fa faveur, tandis que tous
les Dimanches elle excommunioit
pontificalement Louis par eftime, le
connoiffant incapable de vouloir jamais fe foumettre à ce honteux hommage ; & c'eft ce qui mit en même-

Rapin de Toiras.T.2. p. 353. Daniel. T. 4. p. 235. Larrey. T. 1. p. 469.

temps le comble à l'opprobre des Barons Anglois ; non-feulement ils trahirent un Prince qu'ils avoient apellé, mais encore l'honneur & les droits de leur nation, puifqu'en fe rangeant fous la domination de Henri, ils reconnoiffoient que l'Angleterre étoit un fief, & un fief tributaire de Rome. Quelques-uns tâchoient de s'excufer en difant que Philippe, ou n'auroit pas dû leur envoyer fon fils, ou qu'en le leur envoyant, il devoit l'aider ouvertement de toutes les forces de fon Royaume. Il eft vrai que la conduite de ce Monarque fut très-finguliere ; il n'envoya que de foibles fecours en comparaifon de ceux qu'il pouvoit donner ; il fouffrit que les Evêques de France publiaffent l'excommunication contre Louis ; il confifqua fes terres, & difoit tous les jours qu'il ne vouloit ni le voir ni lui parler , pour ne pas s'expofer à la contagion d'un excommunié : n'étoit ce pas lui-même fournir aux Eccléfiaftiques d'Angleterre des raifons très propres à contenir le peuple dans le parti que le Pape favorifoit ?

Philippe Augufte mourut le 14 Juillet 1223, nos hiftoriens, entr'autres le Pere Daniel , continuant toujours de copier Mathieu Paris , difent qu'à l'avenement de Louis VIII à la couronne , Henri lui envoya demander la reftitution de la Normandie , de l'Anjou , du Maine & du Poitou , *conformément au Traité fait entr'eux à Londres ;* que Louis répondit qu'il poffédoit ces provinces par le droit de la guerre , par celui du Souverain fur fes vaffaux rébelles , & en conféquence du jugement rendu contre Jean *fans terre* par la Cour des

Pairs ; que d'ailleurs il ne se croyoit pas obligé à l'observation d'un Traité que Henri avoit lui-même violé le premier dans plusieurs articles. J'ai prouvé que Louis ne s'étoit jamais engagé à rendre ces provinces, & il ne tarda pas à faire connoître qu'il avoit au contraire résolu de chasser entierement les Anglois de son Royaume. Il déclara que Henri ayant manqué à son devoir de vassal en ne comparoissant pas à son sacre comme Duc de Guyenne, il confisquoit de nouveau tous les fiefs mouvans de la couronne, qui avoient apartenu aux Rois d'Angleterre. Il assembla son armée près de Tours, passa la Loire, battit les Anglois dans le pays d'Aulnis, se rendit maître de Niort, de Saint Jean d'Angeli, de la Rochelle, du Limousin, du Perigord, & généralement de tout ce qu'ils possédoient en déça de la Garonne : il ne reſtoit plus qu'à les chaſſer de Bordeaux & de la Gaſcogne, lorſque malheureuſement, à la priere du Pape & des Eccléſiaſtiques, il abandonna ſon objet pour tourner ſes armes contre le Comte de Toulouſe & les hérétiques du Languedoc ; *il accorda*, dit le Gendre, *une treve d Henri, moyennant une ſomme de trente mille marcs d'argent.* Mathieu Paris fait mourir Louis VIII au ſiege d'Avignon, empoiſonné par le Comte de Champagne : il eſt très-certain qu'il prit cette ville le 12.Septembre 1226, & qu'il ne mourut que deux mois après, le 8 Novembre, à Montpenſier en Auvergne. Si l'on en croit Guillaume de Puilaurens auteur contemporain, les Medecins (1) ayant déclaré à ce

T. 3 p. 270.

_____

(1) . . . . . . *Sentiens Arcambaldus de Borbonio poſſe juvari Regem amplexu fœminæ,*

Prince que sa maladie venoit d'un excès de continence & de santé , ses
chambrïers introduisirent auprès de son
lit , tandis qu'il dormoit , une jeune
fille d'une rare beauté , à qui ils re-
commanderent bien de dire qu'elle
ne venoit pas le trouver, *pressée par*
d'impudiques desirs , mais uniquement
par le motif généreux d'une sujette qui
seroit charmée de conserver une vie si pré-
cieuse à l'Etat. Louis en s'éveillant ,

quæsitam virginem speciosam ac generosam ,
atque edoctam , qualiter Regi se offerret & lo-
queretur , quod non libidinis desiderio , sed
audita infirmitatis auxilio advenisset , dor-
miente rege , à cubiculariis ejus , de die fecit
in thalamum introduci ; quam Rex evigilans
cum vidisset aspirantem , quæsivit quæ esset &
qualiter introisset ? Quæ sicut edocta erat ad
quid advenerat , referavit ; cui gratiatus rex
ait ; non ita erit , puella , non enim pecca-
rem mortaliter ullo modo, & convocato Dom.
Arcambaldo de Borbonio , mandavit eam ho-
norificè maritari. Guill. de Podio-laurentii.
cap. 36.

N v

demanda d'un air gracieux à cette jeune perſonne ce qu'elle vouloit ; elle le lui fit entendre par ſa rougeur, ſon embarras & quelques mots foiblement articulés : *non, non, dit-il, j'aime mieux mourir que de commettre un péché mortel.* Il fit éloigner le remede, mais en recommandant à Archambaud de Bourbon de récompenſer la bonne volonté, & de marier honorablement la gentille pucelle.

S. Louis, ſon ſucceſſeur, donna l'inveſtiture du Comté de Poitou à ſon frere Alphonſe : Hugues, Comte de la Marche, aſſembla des troupes, ſe fortifia dans ſes Villes & Châteaux, oſa déclarer à Alphonſe qu'il ne le reconnoiſſoit point pour ſon Seigneur, & envoya demander des ſecours au Roi d'Angleterre. Henri ne ſe piquoit pas d'être fidele à ſes fermens ; ainſi quoique la trêve avec la France ne fut pas expirée, il ſe mit en Mer & vint débarquer au port de Royan. La grande chronique raporte que la Comteſſe de la Marche , la plus belle , la plus hautaine & la plus méchante * femme de ſon ſiecle, *alla à ſa rencontre , & lui dit : Biau cher fils , vous êtes de bonne nature d'être venu ainſi ſecourir vos freres ** que les fils de Blanche de Caſtille veulent trop mallement defouler & tenir ſous pieds.* Ces fils de Blanche de Caſtille deſcendoient de Robert *le fort ,* & les Rois d'Angleterre de Torquat *** ſimple Gentilhomme Breton ; mais laiſſant à part l'origine des deux maiſons , cette Comteſſe , quoique veuve de Jean *ſans terre* & mere de Henri , ayant d'ailleurs quitté ſon rang pour épouſer un Comte de la Marche , ne devoit pas s'enorgueillir

Chron. de S. Denis.

* Elle voulut faire empoiſonner S. Louis.

** Ils n'étoient qu'uterins de Henri.

*** Pere d'Ingelger, tige des Comtes d'Anjou devenus Rois d'Angleterre.

N vj

au point de dire qu'elle se tueroit plutôt *que de ployer le genou devant la femme d'Alphonse*, un fils de France.

S. Louis marcha aux Anglois, les trouva campés de l'autre côté de la Charente, mit pied à terre, & le sabre à la main, à la tête de sa garde, força toutes les barricades du pont de Taillebourg ; en même-temps une partie de son armée, passant à la nage ou en bateau, fit abandonner à l'ennemi le bord de la riviere, & gagna assez de terrein pour se mettre en bataille. Henri consterné des prodiges de valeur qu'il voyoit faire à S. Louis, chargea son frere Richard de tâcher de l'amuser par des proposi-tions de paix : Richard quita son casque & sa cuirasse, *prit un baton blanc à la main*, s'approcha des nôtres, se fit conduire au Roi, & en obtint une suspension d'armes jusqu'au lendemain. C'étoit au mois de Juillet ; on découvrit à la pointe du jour que les Anglois avoient décampé ; on les fuivit ; on ne put les ateindre que vers les dix heures : le terrein fur une hauteur entre deux collines & coupé par des vignes , leur étoit avantageux ; le Prince Richard , les Comtes de la Marche & de Leicefter les rangerent en bataille , & tâcherent de les animer par leurs difcours & leur exemple ; le combat fut long & fanglant ; mais enfin ils furent enfoncés de toutes parts, & Louis les pourfuivit, moins pour achever leur défaite que pour arrêter le carnage & l'emportement du foldat au fein de la victoire. Henri craignit d'être invefti dans Xaintes , s'enfuit jufqu'à Blaye , & ne s'y croyant pas encore en fureté , il alla fe renfermer dans Bordeaux.

Les propofitions de paix qu'il fit

faire , furent d'abord rejettées : on n'étoit qu'au commencement du mois d'Août, & l'on ne vouloit pas perdre , comme avoient fait Philippe-Augufte & Louis VIII , le moment d'achever de chaffer les Anglois du Royaume. Malheureufement S. Louis parut incommodé ; il mouroit beaucoup de monde dans nos troupes d'une efpéce de maladie peftilentielle : on craignit qu'il n'en fut attaqué ; on le connoiffoit , on fçavoit que fi l'on continuoit la campagne , il ne voudroit pas quitter l'armée : fes Barons confentirent d'accorder une trêve de cinq ans à Henri à condition qu'il payeroit chaque année une fomme de cinq mille livres fterling, & que les Places conquifes refteroient au vainqueur. On a pû remarquer qu'en accordant une paix ou une trêve , nos Rois avoient toujours

Rapin de Toiras , T. 2. p. 444.

attention de se faire payer une certaine somme : dans ces temps - là ils ne faisoient encore la guerre que sur leurs épargnes & les revenus de leurs terres & domaines.

Depuis le jugement rendu contre Jean *sans terre*, il n'y avoit eu que des trêves entre les deux couronnes : S. Louis, en 1259, fit un Traité de paix par lequel laissant à Henri non - seulement ce qui lui restoit au - delà de la Garonne, il lui rendit encore des provinces entieres (le Perigord, le Limousin, le Querci, l'Agenois & la partie de la Saintonge au - delà de la Charente) à la charge d'en faire hommage-lige, & de renoncer à toutes ses prétentions sur la Normandie, l'Anjou, le Maine, la Touraine & le Poitou. *Cette paix*, dit Mezeray, *dans un temps où rien n'étoit plus aisé que de renvoyer enfin ces anciens ennemis*

Acta publica. T. 1. pars 2. pag. 45.

dans leur Isle, fit bien mal au cœur à tous les bons François ; le scrupuleux Monarque voulut la faire malgré les remontrances de tout son conseil , & c'est la seule fois ; car il ne lui arrivoit jamais de choquer la volonté de ses Barons.

On lira toujours avec plaisir l'histoire de Rapin de Toiras ; son stile , quoique souvent peu châtié, est agréable ; l'ordre , la netteté de sa narration & d'heureuses transitions entraînent & attachent sans cesse le lecteur ; il égale les meilleurs historiens de l'antiquité par la façon de préparer, d'arranger , de présenter les événemens & d'en faire voir les causes ; mais il étoit né François ; la révocation de l'Edit de Nantes l'obligea de sortir de sa patrie ; il la haïssoit , peut-être parce qu'il la regrettoit ; on remarque fréquemment son animosité contr'elle & la partialité la plus mar-

quée pour la nation dont il écriyoit
l'hiſtoire. Tout ce qu'il dit à l'occaſion du Traité de 1259 , eſt de la plus
inſigne mauvaiſe foi. Je conviens avec
lui que Henri *avoit apauvri* l'Angleterre , en envoyant ſans ceſſe de l'argent
en Allemagne & à Rome pour faire
nommer ſon frere Richard Roi des
Romains, & ſon ſecond fils Roi de Sicile : que le Parlement s'en plaignit ,
& en même - temps de pluſieurs in-
fractions à la grande Charte : que
Henri conſentit de nommer douze
Commiſſaires , & que le Parlement
en nommeroit auſſi douze, qui tra-
vailleroient de concert à la réforma-
tion des abus : *Que ces vingt - quatre
Commiſſaires , dans la crainte qu'une
guerre étrangere ne détruiſit l'ouvrage
qu'ils avoient ſi heureuſement commencé,&
que S. Louis pour achever de conquerir la* T.2.p.502.
Guyenne , ne ſe prévalut du mauvais état

où se trouvoit l'Angleterre, prirent la réfo-
lution de conclure une paix ferme & durable
avec la France. Je conviens de ces faits,
mais cet hiſtorien entaſſe enſuite fauſ-
fetés ſur fauſſetés lorſqu'il ajoute que
le Comte de Leiceſter ſe chargea de
venir à Paris pour faire la propoſi-
tion de cette paix, & que la Cour de
France trouvant des avantages conſidérables dans ce que les Anglois
lui offroient, *voulut bien regarder ce*
Comte comme duement autoriſé, & conclut avec lui un Traité *que Henri*
fut obligé de ſigner. Je ne citerai que
les Actes même d'Angleterre ; ils
prouvent qu'outre la crainte de per-

Rimer. ac- dre la Guyenne, Henri vouloit ab-
ta publica.
T. 1. pars ſolument faire la paix avec la France,
2. p. p. 25 parce qu'elle étoit néceſſaire à ſes
& 44.
projets ſur le Royaume de Sicile ;
que pour négocier cette paix, il en-
Ibid. p. 27. voya à Paris, dès l'année 1257, le

Comte de Leicefter & trois autres Ambaffadeurs ; qu'il n'étoit point encore alors brouillé avec fon Parlement ; que ces brouilleries ne commencerent qu'en 1258 ; qu'il vint à Paris, en 1259, pour conferer & terminer avec S. Louis ; qu'ils eurent plufieurs conferences, & que puifqu'il négocia de bouche & par luimême, il y a donc bien de la mauvaife foi à dire *que la Cour de France voulant bien regarder le Comte de Leicefter comme duement autorifé, quoiqu'elle n'ignorat pas la fituation des affaires d'Angleterre, conclut un Traité que Henri fut obligé de figner.* Il le figna à Abbeville, & le trouvoit fi avantageux, qu'il exigea qu'il fut figné par les fils de S. Louis ; les fiens, fon frere Richard & les vingt - quatre Commiffaires le fignerent ; il écrivit au Pape pour le remercier de fa

Ibid. p. 52.

Ibid. p. 42.

médiation & lui marquer combien il étoit content d'avoir terminé cette grande affaire ; d'ailleurs, lorsqu'en 1265 il eut vaincu ses Barons & le Comte de Leicester, & qu'il se vit pendant le reste de son regne aussi maître en Angleterre qu'il l'avoit jamais été, il continua toujours d'entretenir la paix avec la France, & ne pensa point à reclamer contre le Traité d'Abbeville ; ses successeurs (Edouard I & Edouard II) le confirmerent & le ratifierent encore par de nouveaux actes, & s'ils eurent quelques démêlés avec nos Rois, ce ne fut que pour quelques terres qu'ils prétendoient être des dépendances de la Guyenne : croiroit-on que malgré ces actes & tout ce qu'il y a de plus constant dans l'histoire, Rapin de Toiras a la hardiesse d'avancer *que les Rois d'Angleterre, successeurs de Henri, ne se crurent point liés par un*

Traité fait dans une telle conjonĉture , T.2.p.502.
& par lequel la France acqueroit fur
la Normandie , l'Anjou , le Maine, la
Touraine & le Poitou , un droit qu'elle
ne tiroit auparavant que de la force T.3.p.228.
des armes : car , ajoute-t-il , *fi ces
provinces avoient fait partie de la Monarchie fous la feconde race , Hugues
Capet les avoit données en fiefs à des
Seigneurs de qui elles étoient venues aux
Rois d'Angleterre par une fucceffion légitime, & il eft plus aifé de dire que de
prouver que Philippe Augufte avoit eu de
juftes raifons pour les confifquer.* N'eft-il
pas fingulier que cet hiftorien paroiffe
douter que les membres d'un Etat
foient affujettis aux Loix qui y font
établies , & aux conventions qu'eux-
mêmes ont faites & defirées ? Les
grands fiefs de la couronne n'étoient
que des donations que nos Rois , à la

mort du feudataire, renouvelloient en faveur du fils, ou du plus proche parent, en le recevant à la foi & hommage : ces donations étoient sujettes à révocation & confiscation pour caufes d'ingratitude, de défobéiffance, de félonie, d'injuftices & de torts faits au Souverain ou à ceux qui lui appartenoient : il étoit de droit commun que les feudataires qui tomboient dans quelques-uns de ces cas, perdoient leurs fiefs à perpétuité & fans retour, d'autant plus que ces feudataires (les Ducs de Bourgogne, de Normandie, de Guyenne, les Comtes de Champagne, de Touloufe & (1) de Flandres) n'étoient originaire-

______

(1) On voit dans les actes de Rymer, que *p. p.* 1. 2 les Comtes de Flandres dans les Traités fe- *& 8.* crets qu'ils faifoient avec le Roi d'Angleterre, promettoient moyennant une certaine fomme, que s'il avoit guerre avec le Roi

ment que les adminiftrateurs amovibles de ces provinces dont ils avoient obtenu la proprieté & l'heredité. Jean *fans terre* accufé d'avoir affaffiné fon neveu Artur, fut cité devant la Cour des Pairs ; il envoya des Ambaffadeurs à Paris pour demander un fauf-conduit ; la réponfe * que leur fit Philippe Augufte étoit fimple, jufte, naturelle ; ils voulurent objecter que leur Maître n'étoit pas feulement Duc de Normandie, mais en même-temps Roi d'Angleterre, & que quand même il voudroit s'expofer à comparoître, les Barons de fon Royaume

* Voyez page 263 de ces Effais.

de France, ils ne meneroient que le moins d'hommes qu'ils pourroient au fecours du Roi de France leur Seigneur, *mais cependant de façon qu'il ne pût pas être en droit de les dépouiller de leur fief* : donc les Rois de France pouvoient confifquer les fiefs de leurs grands & petits vaffaux dans les cas de félonie, de rebellion, &c.

*s'y opposeroient. Eh que m'importe,
répliqua Philippe ? Le Duc de Normandie* (1) *n'est-il pas mon vassal ? N'est-il
pas*

(1) La Normandie étoit un fief-lige
comme les autres ; l'historien contemporain
de la vie de Louis le jeune, dit, *Norma-
niam ... Henrico, filio comitis andegavorum,
reddidit, & eum pro eâdem terrâ in hominem
ligium accepit.* Hist. gloriosi Regis Ludo-
vici. Duchesne. T. 4.

Le Roi de France, dans les Traités qu'il
faisoit avec les Rois d'Angleterre, les apelloit *ses feaux,* & ils l'apelloient *leur Seigneur.*

Acta pu-
blica An-
glia. T. 1.
p. 17. anno
1180.
*Nous Henri, Roi d'Angleterre, aiderons
Philippe Roi de France, notre Seigneur, de
tout notre pouvoir : nous Philippe, Roi de
France, aiderons Henri, Roi d'Angleterre,
notre homme & notre fidele, de tout notre
pouvoir.*

Ibid. p. 20.
ann. 1189.
*Voici ce que nous Philippe, Roi de France,
avons promis à Richard, Roi d'Angleterre,
notre feal & ami : voici ce que nous Richard,
Roi d'Angleterre, avons promis à Philippe,
Roi de France, notre Seigneur & ami.*

Ibidem.
ann. 1200.
*Voici la forme de paix conclue entre nous
& notre cher & feal Jean Roi d'Angleterre :*

pas justiciable de ses Pairs pour un attentat commis en France sur un autre de
mes vassaux & mon gendre ? S'il a
jugé à propos d'acquerir un plus grand
titre, je ne dois pas pour cela perdre les
droits de ma souveraineté. Jean n'ayant
point comparu, fut donc juridiquement condamné à mort, & les fiefs
qu'il tenoit de la couronne furent très-
légitimement confisqués. D'ailleurs
les Rois d'Angleterre devenus possesseurs de plus de la moitié du
Royaume, avoient toujours tenté d'envahir le reste ; ils excitoient sans cesse

---

*Voici la forme de paix conclue entre Philippe
illustre Roi de France*, notre Seigneur , *&*
nous Jean Roi d'Angleterre.

A l'illustre Roi de France , notre parent &
notre Seigneur , *Henri Roi d'Angleterre &c.*　*Iidem.*
ann. 1259.

A Philippe Roi de France , notre cousin &
notre Seigneur, *Edouard Roi d'Angleterre &c.*　*Ibidem.*
ann. 1272.

Pareilles Lettres d'Edouard II & d'E-　*Ibidem.*
douard III.　*ann.* 1329.

Tome II. - O

les autres vaffaux à la révolte , les foutenoient dans leur rebellion & étoient le refuge de tous les mé-contens : c'étoit une felonie conti-nuelle de leur part , & je demande fi indépendamment de toutes raifons po-litiques , l'amour feul que les Prin-ces doivent à leur peuple , n'exigeoit pas de nos Rois qu'ils ufaffent du droit que leur donnoient les loix féodales, pour chaffer des vaffaux toujours in-quiets & rebelles , fouvent perfides , & qui de pere en fils caufoient depuis fi long-tems le malheur & la défola-tion de la France.

Nos hiftoriens après avoir fauffe-ment avancé , fur la parole de Ma-thieu Paris , que Louis VIII bloqué dans Londres, avoit promis de ren-dre les provinces confifquées fur Jean *fans terre* , difent que S. Louis par délicateffe de confcience & pour le repos de l'ame de son pere , fit le Traité de 1259 ; il y en a même qui adoptent une autre imposture de ce Moine ; il dit que Louis VIII avoit recommandé à sa mort de restituer ces provinces : nous avons le Testament de ce Prince dans lequel , loin d'ordonner cette restitution , il donne à son troisiéme fils l'Anjou & le Maine , & au quatriéme , l'Auvergne & le Poitou.

Tout ce que je viens de dire prouve que S. Louis ne pouvoit avoir aucun scrupule sur la confiscation faite par son ayeul & renouvellée par son pere ; il déclara lui-même à ses Barons qu'il la croyoit juste. Pourquoi *Joinville.* donc rendit-il quatre provinces ? par l'impatience de retourner dans l'Orient accomplir le vœu qu'il avoit fait de délivrer le S. Sépulchre ; parce qu'il avoit horreur de répandre le sang chrétien, & que son héroïsme ne le portoit qu'à combattre les infidéles; d'ailleurs Henri venoit le voir à Paris, étoit son courtisan, s'en étoit fait aimer : *nous sommes beau-freres*, disoit le saint Roi; *ses enfans sont cousins germains des miens; je veux établir la paix entr'eux & les deux Royaumes.* La suite ne prouva pas que le ciel eut beni ses bonnes intentions.

Son fils Philippe le hardi, & Edouard I fils de Henri III, commencerent à regner à peu près en même-temps. Il est bon de connoître Edouard I dont la mémoire est aussi chere aux Anglois que l'est aux François celle de Charles V, ou de Louis XII : je ne prétends pas en conclure que son caractere est en général celui de la nation Angloise; mais il est malheureux que l'on remarque toujours un fond de férocité, même dans ceux de ses Rois qu'elle admire le plus.

Edouard après avoir obligé Leolyn Prince de Galles à se soumettre à l'hommage, lui rendit le joug de la vassalité si pesant qu'il le força à reprendre les armes. Leolyn fut tué dans une bataille; Edouard lui fit couper la tête, & par une dérision indigne & barbare, la fit exposer, couronnée de lierre, sur la porte de la Tour de Londres. Le pays de Galles n'étoit point un démembrement de la Monarchie Angloise; il n'en avoit jamais fait partie, & n'étoit donc pas sujet à confiscation : David * frere & héritier de Leolyn, voulut revendiquer ses droits; des traitres le vendirent à Edouard qui le fit condamner par son Parlement à être écartelé, & l'on n'épargna aucune des horreurs du plus injuste & du plus

Larrey.

Rapin de Toiras. T. 2. p. 427.

*C'est ainsi qu'un Monarque Anglois punissoit la rébellion de ses vassaux, en suposant que Leolyn & David le fussent : Jean sans terre l'étoit certainement de Philippe Auguste, & son crime étoit bien different.

affreux supplice à un Prince qui descendoit de Roderic le Grand , & d'une des plus anciennes Maisons Souveraines de l'Europe.

Quelques années après , Edouard fut choisi pour arbitre entre les prétendans au trône d'Ecosse : il décida en faveur de Jean Bailleul , & profita de la circonstance pour soutenir que ce Royaume étoit un fief dépendant de la couronne d'Angleterre. Jean Bailleul lui rendit hommage ; & ne tarda pas à en essuyer les hauteurs les plus mortifiantes. *Je prétends* , lui disoit le Monarque Anglois, *vous faire venir à Londres , vous faire comparoître devant moi , & vous tenir même à la barre de mon tribunal , quand bon me semblera.* Une suzeraineté exercée avec tant d'orgueil , & dont les droits étoient si peu légitimes , indigna les Ecossois ; ils se souleverent ; Edouard entra trois fois dans leur pays, & pour les soumettre, tâcha trois fois de le devaster : timide & cruel, il faisoit couler le sang Royal * sur des échaffauts, il inventoit des supplices même contre des femmes **, tandis que dans la crainte de désobliger le Pape, il n'osoit punir des Evêques pris les armes à la main & avec des cuirasses sous leurs habits.

Voyons à présent de quelle façon ce Prince si fier & si terrible avec ses prétendus vassaux, se conduisit avec le Roi de France son Seigneur. Deux Matelots, l'un Anglois & l'autre Normand, se battoient à coup de poing sur le port de Bayonne ; l'Anglois tira son couteau & perça le Normand. Cette querelle en occasionna plusieurs autres entre les Mariniers de ces deux nations ; une flote marchande sortie des ports de Nor-

* Les freres de Roberr Brus.
** La Comtesse de Bogham & sa sœur.

mandie , rencontra une pareille flote Angloife ; on s'injuria , on en vint aux mains ; les Anglois furent très maltraités. Ce n'étoit jufques-là qu'une petite guerre privée & de particuliers à particuliers ; mais des vaiffeaux de guerre Anglois s'en mêlerent , prirent ou coulerent à fond près de deux cens barques Normandes , s'approcherent enfuite de la Rochelle , & tâcherent de furprendre cette ville , tandis que des armateurs de Bayonne faifoient le dégât aux environs.

Philippe le Bel envoya des Ambaffadeurs à Edouard pour demander raifon de ces hoftilités , & lui déclarer qu'il le citeroit à la Cour des Pairs , s'il n'en recevoit pas une prompte fatisfaction. Edouard répondit qu'il feroit toujours charmé d'entretenir la paix qui fubfiftoit entre les deux Royaumes depuis le Traité d'Abbeville ; mais que d'ailleurs il n'étoit soumis à perſonne ; que ſi quelques-uns des ſujets du Roi de France ſe plaignoient d'avoir été lezés par les ſiens, ils pouvoient venir à Londres en toute confiance ; qu'il y tenoit ſon tribunal, & qu'il leur rendroit une prompte juſtice. Cette réponſe qui étoit une déclaration de toute indépendance, acheva d'irriter Philippe : Edouard, comme Duc de Guyenne, fut cité à la Cour des Pairs pour y répondre de la conduite des armateurs de Bayonne & autres de ſes vaſſaux. Il paroît qu'il étoit de ces hommes avantageux dont l'air d'audace ſe démonte, & qui commencent à plier dès qu'on les traite fierement ; ce vaſſal qui n'étoit ſoumis à perſonne, envoya le Prince Edmond ſon frere pour l'excuſer &

Mezeray. répondre en son nom, disant *que sa santé ne lui permettoit pas de se commettre à l'air de la Mer.* Philippe s'obstina à vouloir qu'il comparut lui-même, & dès que les délais de la citation furent expirés, il confisqua la Guyenne , & y fit marcher des troupes sous le commandement du Connétable Raoul de Nesle.

Les historiens Anglois prétendent que la Reine mere de Philippe & la Reine sa femme , signerent avec le Prince Edmond un Traité par lequel , pour apaiser le Roi de France sur ses plaintes contre certains Commandans , Juges & Armateurs du Duché de Guyenne & pour lui faire une réparation publique , le Roi d'Angleterre lui livreroit les personnes dont il se plaignoit & toutes les villes de ce Duché ; que Philippe au bout de quelques jours , à la priere des deux Reines, rendroit le tout, révoqueroit la citation prononcée contre Edouard à la Cour des Pairs, & lui donneroit un fauf conduit pour venir à Amiens où il le recevroit de nouveau à la foi & hommage. Ces hiſtoriens ajoutent qu'en exécution de ce Traité, les villes de Guyenne ayant été remiſes au Connétable de Neſle, Philippe manqua de parole & les garda. La vérité de ce fait eſt que par ce Traité on ne devoit lui remettre & qu'on ne lui remit que ſix places, & qu'il prétendit n'avoir promis de les rendre qu'après qu'on l'auroit indemniſé des frais de la guerre, & des déprédations faites ſur ſes ſujets.

Edouard envoya à Paris un Jacobin & un Cordelier pour faire des reproches à Philippe, & lui déclarer qu'il ne le reconnoiſſoit plus pour fon Seigneur. Il fit une ligue avec l'Empereur Adolphe de Naffau, le Duc d'Autriche, plufieurs autres Princes d'Allemagne, l'Archevêque de Cologne, le Comte de Flandres, le Duc de Brabant, les Comtes de Hollande, de Juliers, de Luxembourg & de Bar; mais cette nuée de Confédérés, après bien des menaces, des bravades & avoir couté beaucoup d'argent aux Anglois, fut diffipée en moins de temps qu'il n'en avoit fallu pour la former: quelques-uns manquerent à leurs engagemens: les troupes qu'envoyoit l'Empereur furent rencontrées & taillées en pieces près de Comines par le Comte de S. Pol & le Connétable de Nefle: le Comte de Bar qui avoit fait une irruption en Champagne, fut battu & fait prifonnier par la Reine * qui commanda elle-même, difent quel-

* Jeanne de Navarre, femme de Philippe le Bel. *Mezeray. T. 1. p. 350.*

ques hiſtoriens , & donna tous les ordres pendant le combat : un gros détachement que conduiſoit le Comte d'Artois , attaqué par les Flamans près de Furnes , les repouſſa & les chargea enſuite ſi vigoureuſement qu'il en reſta ſeize mille ſur le champ de bataille : Philippe prit Lille , Courtray , Douay , Caſſel & Furnes. Sur la nouvelle que le Roi d'Angleterre étoit enfin arrivé au ſecours de ſes alliés avec quelques renforts , & qu'il étoit à Bruges avec le Comte de Flandres , il marcha vers cette ville : ils n'oſerent l'attendre , & ſe retirerent à Gand. Les Anglois n'avoient pas été plus heureux en Guyenne où il ne leur reſtoit que Bayonne ; ils y avoient perdu deux batailles ; le Comte de Valois avoit gagné la premiere contre le Prince Edmond qui y fut bleſſé & qui mourut de fa bleſſure ; le Comte d'Artois gagna la feconde contre le Comte de Lincoln.

Edouard voyant que notre armée s'avançoit vers Gand , demanda une fufpenſion d'armes : *Je l'accorde , répondit Philippe à fon Envoyé , & malgré mes victoires & mes conquêtes , je ne ferai jamais éloigné de la paix , quand je remarquerai de la fincerité dans le procedé de mes ennemis , & de la foumiſſion dans mes vaſſaux.* La fufpenſion d'armes fut fuivie d'une trêve que l'Anglois humilié *n'obtint* , avoue Rapin de Toiras , *qu'à la confidération du Roi de Sicile & du Comte de Savoye qui s'employerent pour lui.* Cette trêve par laquelle Philippe demeuroit en poſſeſſion de tout ce qu'il avoit conquis , n'étoit que pour quelques mois ; elle fut prolongée pour deux ans , &

aboutit enfin à un Traité de paix : Edouard épousa la sœur & son fils fut fiancé avec la fiile * de Philippe ; il promit d'abandonner le malheureux Comte de Flandres qu'il avoit engagé à se révolter ; on lui rendit la Guyenne, *qu'il n'esperoit plus de recouvrer par la voie des armes*, à condition qu'il viendroit en faire hommage-lige & sans restriction dans la ville d'Amiens.

La guerre entre les deux couronnes recommença sous le regne de Charles le Bel & d'Edouard II, à l'occasion d'un Château que le Seigneur de Montpesat faisoit bâtir à trois lieues d'Agen, dans une terre qui dépendoit incontestablement du domaine de France. L'Officier qui commandoit sur cette frontiere, reçut ordre de Charles le Bel de saisir cette forteresse. Le Seigneur de

* Elle n'avoit que sept ans.

Ibidem. p. 74 & 80.

Montpesat imagina de déclarer que sa terre relevoit du Duché de Guyenne, & malgré l'arrêt qui le condamna sur les aveus même qu'il avoit rendus, le Commandant Anglois de la garnison d'Agen, se joignit à lui, l'aida à reprendre son Château, passa tous les soldats au fil de l'épée, & fit pendre les Officiers. Charles le Bel à la nouvelle de cette insolente ferocité, conserva assez de modération pour envoyer demander justice au Roi d'Angleterre : apparemment que dans ces temps-là le crime cessoit de l'être à la Cour de Londres, quand il n'avoit versé que du sang François : Edouard eut l'iniquité de vouloir protéger cet horrible attentat : tandis qu'il levoit secretement des troupes en Guyenne & qu'il fortifioit & munissoit ses Places, le Comte de Kent son frere étoit à Paris où il tâchoit d'amuser le Roi

par

par de belles promeſſes. Mezeray
rapporte que Charles ayant enfin déclaré qu'il étoit ſurpris qu'on tardât
ſi longtemps à lui faire la ſatisfaction
& la réparation qu'il avoit deman-
dée , *le Comte de Kent partit em-*
menant avec lui le Chevalier Pierre
d'Arablay à qui l'on devoit remettre
les coupables ; mais qu'à la moitié du
chemin il renvoya ce Chevalier , ſe
mocquant de lui , & menaçant de le
tuer s'il paſſoit outre. Le Comte de
Valois entra dans la Guyenne , & ſe
rendit maître en moins de quatre
mois de tout le pays entre la Garonne
& la Dordogne. Iſabelle de France ,
femme d'Edouard & ſœur de Charles , vint à Paris demander la paix &
l'obtint ; Charles garda l'Agenois
pour s'indemniſer des frais de la
guerre , & ne le rendit que trois ans

Du Tillet.
Recueil des
Traitez &c.

après, moyennant une somme de cinquante mille livres sterling. Il mourut le 1 Février 1328, & sous le regne de Philippe de Valois son successeur, nous allons voir l'ambition de l'Anglois prendre une nouvelle forme.

Fin du Tome second.

ERRATA.

PAge 7. *ligne* 4 ajoute-t-il , *lisez*, ajoute *qu'il. Ibidem. ligne* 7. & il eft , *lisez*, & *qu'il eft.*

Page 13 *ligne* 5. ce palais , *lisez* , le palais des Termes.

Page 36. *lig.* 15. *lisez* , ils diffipoient les revenus de la ville en feftins , en fêtes ridicules & en dépenfes inutiles.

Page 45. *ligne* 14. *lisez* , de Choifi.

Page 47. *ligne* 13. autour deux , *lisez*, autour d'eux.

Page 65. *ligne* 2. Hugues Capet l'allegue , *lisez* , Hugues Capet l'allegua.

Page 234. *ligne* 21. puifqu'ils lui ont donné , *lisez*, puifqu'ils ne lui en ont pas moins donné.

Page 260. *ligne* 21. l'abandonna , *lisez*, & l'abandonna.